Introducing PuzzleWhiz: Your Weekly Brain Boost!

Are you ready to supercharge your brain, sharpen your mind, and have a blast doing it? Welcome to **PuzzleWhiz**, your ultimate companion for weekly mental challenges that are as fun as they are brain-boosting! Designed to keep your mind sharp and entertained, PuzzleWhiz is the perfect way to unwind while giving your cognitive skills a serious workout.

Why Choose PuzzleWhiz?

- **Fresh Challenges Every Week:** Each issue of PuzzleWhiz Word Search is packed with a new set of thrilling puzzles, No two weeks are the same, keeping you on your toes with fresh challenges designed to engage and excite.

- **Scientifically Proven Brain Benefits:** Did you know that solving puzzles regularly can improve memory, enhance problem-solving skills, and even boost IQ? PuzzleWhiz offers a fun and engaging way to keep your brain active, with puzzles that are scientifically proven to benefit mental health.

- **Perfect for All Ages:** Whether you're 8 or 80, PuzzleWhiz is designed to challenge and delight every puzzle enthusiast. It's the perfect way to spend quality time with family or enjoy some well-deserved "me time."

- **Stay Ahead with Monthly and Yearly Subscriptions:** Don't miss a single issue! Subscribe monthly and get 4 exciting issues delivered straight to your door—or go all-in with our **Yearly Bundle** of 52 issues, including a special edition that you can't find anywhere else!

- **Exclusive Special Editions:** Our annual subscribers receive a **Special Edition** packed with bonus puzzles, expert tips, and exclusive content that takes your puzzle-solving skills to the next level. This edition alone is worth the price of admission!

Your Subscription Options:

1. **Weekly Thrills:** Grab your PuzzleWhiz every week and enjoy fresh, exciting puzzles that will keep your brain buzzing.

2. **Monthly Bundle of 4:** Save more and stay ahead of the game! Get a bundle of 4 issues delivered each month, ensuring you never miss a week of mental fun.

3. **Yearly Subscription with Special Edition:** The ultimate package for puzzle enthusiasts! Get 52 weeks of PuzzleWhiz plus a collectible special edition that celebrates the very best of brain challenges with exclusive puzzles, brain-boosting tips, and more.

Don't Just Play—Train Your Brain with PuzzleWhiz!

With PuzzleWhiz, every week is a new opportunity to challenge your mind, improve your cognitive skills, and have a blast doing it. Our puzzles aren't just games—they're brain workouts designed to keep you sharp, focused, and ready for anything life throws your way.

Why PuzzleWhiz and What does it offer?

PuzzleWhiz isn't just another puzzle book—it's your gateway to a world of endless mental challenges, creativity, and fun. Whether you're a seasoned puzzle solver or just looking for a way to keep your mind sharp, PuzzleWhiz is crafted to be the perfect companion for everyone.

Here's why PuzzleWhiz is the best choice: Puzzles are more than just a pastime; they are powerful tools that challenge and stimulate the human mind. From word games to number challenges, puzzles engage cognitive functions, enhance problem-solving skills, and boost mental agility. Research shows that engaging in puzzles can improve brain function, memory, and even delay cognitive decline, making them invaluable for people of all ages. Below, we explore a variety of puzzles and their specific benefits to the human mind and life.

Word Search

A word search is a puzzle that requires players to find hidden words in a grid of letters. Words can appear horizontally, vertically, or diagonally.

Word searches are simple, yet addictive. There's nothing quite like the thrill of spotting a tricky word hidden in plain sight! From quick 5-minute puzzles to deeper, more challenging hunts, this book will take you on a journey through themed words you'll love. Grab your favorite pen or pencil—let's get started!

Importance: Word searches improve pattern recognition, vocabulary, and spelling skills. They also enhance visual scanning and focus, which are critical skills in everyday tasks. Studies have shown that word search puzzles activate the brain's language and memory areas, contributing to cognitive resilience (Smith, 2020).

Tips to Tackle Word Search Puzzles Like a Pro

Here are some tried-and-true tips to help you master these puzzles:

1. **Give the Grid a Quick Look:** Skim the puzzle first to see if any words jump out right away. It's a good way to get the momentum going.

2. **Start with Unique Letters:** Words with unusual letters—like X, Z, or Q—are easier to spot. Zero in on those first.

3. **Think in All Directions:** Words can run vertically, horizontally, diagonally, or even backward. Stay flexible!

4. **Mark as You Go:** Cross out words once you find them—it keeps things neat and avoids confusion.

5. **Use the Word List for Hints:** If you're stuck, go back to the word list to break it down. Look for starting letters or clusters.

6. **Take Breaks if Needed:** Don't get frustrated, sometimes stepping away and coming back with fresh eyes makes all the difference.

7. **Watch for Overlaps:** Keep an eye out, some puzzles are sneaky with words sharing letters!

Why Word Search Puzzles Are Amazing for You

Solving word searches isn't just fun, it's actually great for your brain and well-being!

- **Builds a Better Vocabulary:** You'll learn new words and strengthen your spelling without even realizing it.

- **Improves Focus and Attention:** Word searches train your brain to focus, ignore distractions, and stay on task.

- **Strengthens Pattern Recognition:** Spotting patterns in puzzles carries over to real-life problem-solving skills.

- **Relieves Stress:** There's something incredibly relaxing about getting lost in a good puzzle—it's like meditation!

- **Keeps Your Brain Sharp:** Word searches keep your mind active and may help prevent memory loss over time.

- **Encourages Quick Thinking:** The more puzzles you do, the faster your brain gets at finding solutions.

- **Brings People Together:** Whether you're competing or collaborating, solving puzzles with others makes for great bonding moments.

This book isn't just about finding words—it's about finding joy, challenge, and a sense of accomplishment. Each puzzle offers a mini-adventure, and with every word you find, you're training your brain to think sharper and faster. So what are you waiting for? Dive in, enjoy the hunt, and watch those words come alive!

Happy puzzling!

Subscribe today and become part of the PuzzleWhiz community! Weekly excitement, monthly bundles, and yearly specials await. Don't miss out—your brain will thank you!

References
- Smith, A. (2020). The Impact of Word Search Puzzles on Cognitive Function. *Memory and Language Journal*

Puzzles	1
Solutions	81

SUBSCRIBE

PUZZLEWHIZ

Name:

____

Address:

____

____

Postcode: __________   Phone: __________________

Email: __________________

Subscription

Weekly ☐   Monthly ☐   Yearly ☐

Please fill the form and send it by email to:
PuzzleWhizPub@gmail.com

Payment Information will be sent to your email and phone.

Puzzle # 1

```
Q N E R K B L I A X V L E A D E N B C N Y V W
F C M Q S C W I A I P E N T A C L E E A R J U
O X I R E L L E T Y R O T S L O T Z Q D E V D
U V A H T D Q O B A R B A R I A N F Q H C F I
D S T B E S T C A F I T R A L T I U E E R J F
A C O G M A A N N K J O E T K Y R R U S O P R
U S D W U B S C Q R E Y A S H T O O S D S T V
D U G C A F C L D Z M D X W Y R M S U E T I M
J U Q S C Y I T R N D K H U J Q A E M G J D R
I F A X Q X P N G L A J I S T Y A X N A B E G
U B N C P Y E E D X G W N I X L Z I B S Y S P
V O E O S O Y M E T M R O I K Q S J T S M O U
J L L H B J L L C C Q C O J Z U K H T A E C L
I J S R Q S O I I Q Y K U N C D E R I P S N I
Q E O O A K H A W E R N I C T E L P Y C E D S
E A N G Q L H I D F C T A C R D Z I P Z Y Z Y
C F A G N I L R E D N U S E R I O M I R G Q F
W S J G E T I R P S X T T O C I G A M D N A W
```

SORCERY	JUDGED	ARTIFACT
UNDERLING	WANDCAST	STORYTELLER
WYRMS	SPRITE	ACCUSING
GRIMOIRES	BARBARIAN	CLOAKED
LEADEN	INSPIRED	LAIR
HOLYEPICS	SOOTHSAYER	NELSON
TIDES	PENTACLE	WANDMAGIC
PASSAGED	SAGAS	AILMENT

PUZZLEWHIZ Themed Word Search Puzzles: Issue 18

L M H Q O U P O C F Y R Y C G O O K U K N S X
B H F S E Y N Q P U R M A P L K J N A K T D K
G B P D T S E L B A R A P J C E W C O N T C O
F J J P Q F A N M Q D Z H M C R R C E A S U H
M A G I C T A L E S K D A Y B U U R B D T R P
V D S M S S S R A V D Z N R H E A C F B O S A
X K T J N H H A C M A G T E B G L P I M O I M
G A N W R V E M C F E R O T A J T L U B B N T
O H E E O F R U U A L V M U R X N A A S L G Y
L V M E C M B L S V Q O W R B C E Z J T Z E U
R I H R I L S E E U O C W N A C M J W R R L V
X Z C T N P M T R G R T V T R A N X O A L I H
N U T E U L G N I K O V E O I S R C R K V K X
X X I R L V E N O M E P D O A T E L C R N R X
M A W C O D O W X J J F J Z N L C E L A L I J
V R E A J E P A C S M A E R D E S L L D N M O
Y L B S F I Z Z Y U Z I V O F E I Z C K T K F
O F I L E O S Z T G U Q L E F M D Y O Z F C B

AMULET	DARKARTS	CURSING
HERBS	DREAMSCAPE	ACCUSER
PHANTOM	RETURNTOOZ	BEWITCHMENTS
CRUCIBLE	FIZZY	BELLATRIX
EVOKING	BARBARIAN	DISCERNMENT
SACRETREE	PARABLES	RAVEN
UNICORNS	BOOTS	CASTLE
WOLFCRAFTS	MAGICTALES	VENOM

Puzzle # 3

```
T X A N Q D A M J X P K L U G C B H Z F L B S
S P O K F D B A R E A M I H C Y N D W T F D P
I E N L I H I X O L S N D K D J R E F A K Y E
N T J O N X H A Z R Z R E D L I I N B B Y F N
O R B F S E W F I G O Z U U D T V O M Y R J T
I O K E C A X D Q W Z R G O R F E D G G O T A
S N F E R F M O E G L A M O U R R R N N C W P G
U E A R I A J N R T H G I F R O S I E H H Z R
L L I T P R U D Z C P T O M N S H H V A I K A
L L R L T R C A S T I N G B V C Z K M C A W M
I A Y S I X X O S E V S J N A C C C A L N A S
A S T R O L O G E R O N M E A H R I T G H V L
M H A Q N Y P R E D L E T I T E U L F Y V I L
G C L R S Y E K N O M E W H S R J F U S A Y H
I Z E X B G M M V I D M Q B H T B G F R P I H
N X C P C Y W E R O Y F O S A G A S T I E Z A
E J L O X Z R A O M S I J P S Y M P X U B M U
L L A F J V C K E H S T A R L I T W I T A C E
```

GLAMOUR	FIGHT	ILLUSIONIST
ELDER	ASTROLOGER	TRAIL
ENIGMA	PETRONELLA	FLICK
EXORCISMIST	CASTING	PENTAGRAMS
INSCRIPTIONS	RUDD	RUNEWORD
FROG	STARLIT	MONKEY
TEACHING	FAIRYTALE	CHIMAERA
TREEFOLK	SAGASOFYORE	RIVERS

Puzzle # 4

```
K Y S D A O R S S O R C R M Y T H I C A L H K
R R I F S N O I T C E L F E R R C P Y O C M W
A D N D H M H K K X N O Z C P W U H E L A C O
M N V B M Y M O O N S T O N E A H Y X J L L Q
C E O J V U S S V M M T N S Q D C U W M A Y U
I G C F A Z H T N R C B F Z B X B F E X M G C
G E A O V T E A E C E D N U O B E N U R I T E
A L T W E P S R K R A D U M U S T Z U E T O R
M I I M T W T K U E I C A H U A E P S U I P U
S L O O P L I O H T A A W E L W B L I W E J G
W X N M I O R K A H R S N I R S E J B R S R I
A Q T H D E I J A Z M O S E K E A G R A P T F
R I S K L Z P A H Q Y T T F O E N R M Y S W D
L Y V L C W S Q J D E L B A R A P O T O X E O
O M M S I T L U C C O J Y A O D N H B E I N G
C K V I S J R K A U B Z N X N D I B R T Y J B
K K E E L I Z A B E T H D M E A H N R I Q U S
Z I Z M D M S S F G I I M Y Z R P G X I K P U
```

WARLOCK	PYTHIA	MENTALIST
HYSTERIA	INVOCATION	TORTURE
OCCULTISM	ELIZABETH	LEGENDRY
OTIS	CAPER	BONEREADER
PARABLE	KORONEZ	SPIRITS
CROSSROADS	MAGICMARK	GODFIGURE
REFLECTIONS	MOONSTONE	RUNE-BOUND
SABLES	MYTHICAL	CALAMITIES

Puzzle # 5

```
H C F R V L W Z B K Z J A T E X Q X E A G E V
B W C A L A M I T I E S Q V A O Q X L L H K C
E R U N E L O R E B W N O G L C L A R I T Y Q
G V F A R S E E I N G O F E Y I D Y M R P Z E
J J Q M B J A H V Z D I O P D O H V D B K M N
U K E Y Q R D C N O N T G N I R E H P I C E D
Q D C E F O W H O M L A I R E T A M M I C B T
N O N N S T V I X K J C K W R P U T W C J P Q
E M E I E A S R Q O Z O V S W X V N Q S O E T
S C G H R T A O T N O V I D H O G M B S D N J
N H I P U I A M U J T N C R I E N T S P T T R
A L L E T N M A I T V I T S Y E N E H B F A X
T S L S N G D N T Y M T O G I V S O V J A C R
L N E O E F L C I L V N R B W S M K B C R L Y
D B T J V C O Y O A U L I V I E I L R H C E E
K Q N J D I N P N N J S A O R X F Z P A S Y H
I K I X A C O N J U R E N S K Z B Q T A D I X
K E Y T S I M G N J A S B G G C O B C H Y O W
```

CHIROMANCY	ADVENTURES	CONJURE
WISHBONE	MISTY	INVOCATIONS
IMMATERIAL	POSSESSIONS	VOODOOIST
VICTORIA	RUNELORE	CRAFT
ROTATING	JOSEPHINE	INTELLIGENCE
PENTACLE	DECIPHERING	CAT
TUITION	DARKSEID	FARSEEING
HOMERS	CLARITY	CALAMITIES

Puzzle # 6

```
N K A X C N Q T Y W O D A H S M B Y L X L D U
X J L D O O P M A T A L L E B K H V A I X E S
I C L A R I T Y W S G H S A G E P L S K K N G
S D C U W O A M H C T I W E H T B S R I O C E
U D I L R W I S E W O R D S S R E E E O R H R
B D T J A S F U E A F T I R M T A P V N O E G
Q G V E U I S T T C A V A A I S X F I N N B O
Q L D X D W R E H E I T P R W A C J N L E R U
M I W O S T S V N O T L G N A I U I U C Z R M
H L A X R S N Y O C U N A A N L H T E E U L Z
G Z R D E Z W O X Y I G T J D M P W F N P B H
X M B H D E E R S K A P H P W E C P E T C O F
P X E H R E Q Z O R O N E T O N M W R A E E K
W D V U O L W V O V H R T F R T O B A U N G L
H H N K S O N N I J H V F I K R G G T R X M V
S C E E I I S I C K N E S S D I X H L S S O U
G O K W D Q B F R K A C Q W O U N Y A G O I O
J E K J L B G Z J G R A T B V X Z P G A O N M
```

SAGE	CENTAURS	CLAIRVOYANT
DISORDERS	SHADOWY	ALICE
EPICNESS	BELLATAMPOO	RUNEWORD
THEWITCH	INVOKINGRITES	ZEE
WANDWORK	KORONEZ	UNIVERSAL
ALTAR	WISEWORDS	RAT
SCIENCE	HIDEAWAY	THOUGHT
AILMENT	CLARITY	SICKNESS

Themed Word Search Puzzles: Issue 18

Puzzle # 7

```
S B F Q J F U Z B E F F W J Z M E Z Y S A T L
S Q D D M A Z Q W I T C H S E R I E S Y R H H
D M A I W I R S H F K A S R E N O M M U S W E
A Y J V F R N U R E G O L O R T S A N F L X M
O T K I G Y C V N S S H E R B A L I S T H L C
R H E N K S O L V I N G E B J W H A R P I E Y
Y O F E H A A D E P T N E S S R H F Y P B N Q
N L O S E Y V N A M E R U J N O C Q H O S L G
I O A F X E J Y L V D G M A I V Q W H E T Q H
T G L R M E A I W E I Q M X W L G H O S T L Y
S I Q D A W N T B S E M U T S O C Q T W J V I
E C P M S I T C H L A T N E D N E C S N A R T
D A Z I T C U W A C D U I M E N E W R O M W M
U L C F E Q J O Q N P R S A U T A R U G G I Z
D G N A R T X L Q I T L V G O L B Q E L U B J
M I N O F E Y F U E E I Z U Z X Q A N E W B O
U C Y C L O P S I F E Z N S T B Y J A N O M O
O F F J G O B J C Y T L J G M X Y K O U C F H
```

ASTROLOGER	CYCLOPS	MAGUS
FAIRY	ADEPTNESS	HERBALIST
TRANSCENDENTAL	MORWEN	GHOSTLY
HARPIE	MYTHOLOGICAL	HEXMASTER
HAGS	WOLF	CONJUREMAN
COSTUMES	SOLVING	SUMMONERS
DIVINES	GLEN	ZIGGURAT
ENCANTING	DESTINYROADS	WITCHSERIES

Puzzle # 8

```
A G D N U E G O D N E I R F E B T P R K L B S
S L L A F T H G I N L P R G H A F R K M R S Y
U Q H D A Z M H T K I G R F D Y G T U O X R D
L N E D U Y A T S F M T H E N L B A O P R Q U
P K W N A F O I N H V G B E S M I M N A K N N
H E I R E A F K O D B E F J Y S S U T R G Y N
U G E G U J K S I L I S A B R I E S G Q P D V
R W G S T W X Y T X H N X W E S Z D I U A Y Z
L L K H R M F G A B S I C G W P X T O X J P Q
G G D A I F G H L A H A L L O W E D T A L E S
B K U P V K N F L I O Y K A P G L I F E S I O
R A V E F Q I V E P S Q D D N I E N A C U Q R
S E T S R V L F T O D J C E I K W W E K S I C
S R E M O H I M S T K I T S A Q G Z G L Y P E
M J T Q C K E X N N S U P E R N O V A F G M R
T N Z A J G V G O I D Y A F B D J E S Z B Z I
L F N G W Q Q Z C U S T F A R C E N I V I D E
I T U L G E L V A D E P T N E S S S X J S G S
```

ADEPTNESS	DIVINECRAFTS	VIRTUE
BROOMS	FAERIE	UINTOPIA
BEFRIEND	SULPHUR	VEILING
GUILD	CONSTELLATIONS	KITH
SUPERNOVA	HOMERS	STARRY
GLADES	BRAINPOWER	NIGHTFALL
SORCERIES	SHAPES	BASILISK
PRESSED	HALLOWEDTALES	CANE

Puzzle # 9

```
A S C M X J J A P Y D J Y T B Z M Q J K K Y M
J N U E B R N L U P I T E N S O R C E L L E D
L M L C U Z G H Z S T S I L A B R E H V R B I
L T S I M E H C L A K W G H C I M S O C A I V
C F S L Y P D I S M S E D N B E I O N S R C C
L F O A R S U M M P S N O I T A T N A C N I P
G I Q O F N O R E S S E N T R A M S Z X I H G
S V N V P X O L I C I R E M I H C M O R S R N
D A D I C M L W I T N Q X G K X N A M E H R I
S L W Y T C A Q Y R A Y R F K C A L B T T B R
H Z H V A I X T V E O N Z Q Z O M I N A A K E
H S W S Q T A M A L T R I E J S E E E I P C H
Q Q T B F Y W T C L P N R C E Q C V T N E R P
L M A R G A T N E P L U G G A N N M Z I L I I
F B M E R C Y O G D T E D U H L E I U N E O C
F O R E S I G H T R N I B D N Q S Z L G T I E
S U N S T O N E O A R Y J O L K S V U B B X D
B B E F F J V T Z B B B J G X Y E L D U D P B
```

PENTAGRAM	TORTURE	COSMIC
PURITANICAL	CHIMERIC	ALICE
INITIATED	MERCY	TELEPATHS
DUDLEY	INCANTATIONS	HERBALIST
SMARTNESS	ALCHEMIST	FORESIGHT
BELLATAMPOO	DECIPHERING	SUNSTONE
BRIDGES	ESSENCE	ENSORCELLED
BLACKFRYAR	SPELLCAST	RETAINING

Puzzle # 10

```
O B K C E T G C S G O Q T C L W V G T H E T J
R H T J H X E V A U K H U A Q S M Y B O K V T
U K Z W E U A Y Y Q L D X E R Y D U O L H F N
N N I I E S E A W L O P T M E Y J N O L S W V
I P W Q T N M Z N J F W H F M N S O T O U L Q
C U G R W W P Z C I R C E U L D Y I S W E S Y
S P A Y C N A M O R C E N B R R H T Z X E A M
C L L X D I U M K L D H Y O Z C T A Q R H W O
R N O S L E N S D S S N W V H I A C G W D S R
I X C I T E N I K E L E T L I T P O N M E J T
P O Q D W H V K T H S B L N V A E V Q T M Y W
T F I Z Q Q H E C I V M A U E D L N U B L V G
M O O N L I T O W H X P G K I E E I R W C C Z
V S E A D Y K Q G V K D X J L L T E Y U M J K
Y N A N G U I N E B U N D S P Q W H C M P I Q
U M X N R M M Y U I B K D F Z W L J O R M Y M
R E L G B X Y E P A C S M A E R D R E R O L O
J B A M I M P G X L W S A J N J J J Q K R C Z B
```

LORE	OGRES	NECROMANCY
CITADEL	TELEPATH	CIRCE
INVOCATION	OLWAE	TELEKINETIC
OZ	BREW	QUEENY
ASTRAL	NELSON	DREAMSCAPE
SULPHUR	VEIL	RAT
RUNICSCRIPT	ANGUINEBUNDS	MOONLIT
HOLLOW	WISEWORDS	BOOTS

Puzzle # 11

R E W Z F J F F L B V R R I D T Q K V D Q G P
G M I Q B W B K R E K A M N O I T O P M H P S
I K V Q V E I L I N G J G F A R A V W J R E F
G Q A A W V Y K K O Y N P N X T D J A O E O B
J G N I N R A E L X R O H D H D R P D T Y F U
J D T Q L E P I C M E M O R I E S I H V F K M
L C R Y Z H A R Y V C M I M W I Z R V G I H I
H N H Y N T S O E W R U F E V L O F T E G J Y
H O H I E A Q B L B O S V C J U L X A C R C L
U S D G Q B G E D O S A A V G R I F F O N S H
E R X R S Q L G U W W M U H O U M B E A O D J
E E G X X V J Y D L T E L E C A R B M R A H C
K D G B E C O U L Z F F O Z D K M O X L W N H
Y N D S L I Z E T Y S M W J U X R K U Y G L A
O A D H S E P Y T O R C E N V I A G N E S I R
O S Y C A S D R L S K K Y G H M C G I D W H M
N I L B O G C V K Q D E T C I D E R P O I L E
F L X S F G H D T B R D E T C I L F F A X O R

ROBE	GRIFFON	SORCERY
ELVES	BEWITCH	EPICMEMORIES
POTIONMAKER	GOBLIN	CHIROMANCY
AFFLICTED	SUMMON	AGNES
CHARMBRACELET	DUDLEY	SEE-THROUGH
CHARMER	VEILING	SANDERSON
SPELLWAVE	NECROTYPE	LEARNING
BAT	PREDICTED	RIVERS

Puzzle # 12

```
V K Q K N L O M E S E L A T L U D A F F A L M
S K S M E F A E R I E H N L R S M A V R E S O
N Y J I E R S F H M S F A S E S R O M U R C O
O S T X E T D E R C A S N D U P Z A G R S T L
I H E R E T I C L V P O Q P T D R F V J K V B
T S J S N G I S L A I T S E L E C E S Q M D K
A G N I W K R A D T T W A O U D Y Z C I H D R
L F J X T L T D P X Z Y K W I S S K S H N A A
U C S T X E T I E M C I L K I T K F D V A E D
C R F C Y Q R T X P J L O O T H O C Y Q R U S
I Y Y W H C S K E S T O O B H R C A R O L I N
T P P B S D O T R V C R E A T U R E S R N W I
S T V N R L L Z U X H O A U B U Z T J E G L N
E I I A W T V I M A G I N A R I U M D S L J O
G C Z E R T I P V O W A L Z Q B E A Y F C X M
M I Q C U N N F Q C T Q R D X O E B A X T H M
W B I Q Z D G G Q E L X L H Y L Z T W W X V U
X Q U Y E D N P C X R R I K C W E T C P L Y S
```

CRYPTIC	WIZARDSTEXT	SUMMON
HOLYTALES	IMAGINARIUM	HERETIC
FAERIE	SACREDTEXTS	RUMORS
CAROLIN	GESTICULATIONS	DARKBLOOM
INSCRIPTIONS	CREATURES	CELESTIALSIGNS
LEADEN	SOLVING	BOOTS
MISFORTUNATE	LEPRECHAUN	ILL-FATE
DARKWING	TEXTS	ADULTALES

PUZZLEWHIZ **Themed Word Search Puzzles: Issue 18**

Puzzle # 13

```
E N I T S E D N A L C I S J L J P T J E R U H
Z S K O O B L L E P S L S E L C I N O R H C E
S S E R U T N E V D A C I P E E H Z I X F V N
C J B I A Z U P B T M E B F U G L X O S H I C
I P O J E N L L N D K Y R P G U X L E F N L H
K I O H A M I E P Z S E T D L A A I O U E L A
P A Q T I V M R Y Y P F P H C A R V K M C A N
D U O W D E J M B H G V A O O C R Z A I R G T
Z C J D L U Q U A A G R W O R S J G P R O E E
U X M E Z W U Z R R S L E A K L I H T V T R D
M S I T L U C C O S V U W E Z C Q Q D F Y O M
Z R E M E M B R A N C E S F I E P W C S P M Y
B E W I T C H M E N T H L A T T Q L Y O E E T
O U E I A B E L D A M H N S I N I S T E R N H
Q F S J R E P O R H T N A C Y L J B L Y B S S
S P E L L C A S T I N G C O N C O C T I O N K
K Z A R R M U S S R E R O S N O R D L U A C F
D P T W Q S R H X S R E W O P C I M S O C E F
```

MAGICIAN	ELEMENTALS	OCCULTISM
EPICADVENTURES	SPELLCASTING	ENCHANTEDMYTHS
WARCRIES	CHRONICLES	MYTHOS
LYCANTHROPE	MARVELS	SPELLBOOKS
CLANDESTINE	NECROTYPE	BELDAM
RAT	COSMICPOWERS	CONCOCTION
BEWITCHMENT	VILLAGEROMENS	SINISTER
CAULDRONSORERS	REMEMBRANCES	SABRINA

Puzzle # 14

```
J U H I M Y N A H W M V O K D Q X J T P U G B
U C Z S R C E S F S X O I C R H E R M E T I C
R T O R U I C U W A A P D S S F R F X W R S L
C Z A U G R R O Y C M T C S N N E L L E B Q D
L T H A V E O I C I E Q E O I R E E E V W C J
U W U T B M M R X R D T P L P W V W F I L M N
G V J N V I A O T E E E P F E Y C Q L O S R C
G T P E B H N T Q T A L Z A T P S I A V O W H
C N I C C C C O L O W E F X H B A K T W H O R
C N I P K S Y N T S I P J L O I E T S S P Y O
S J D Y B M T V Z E P A V D M D D D M H Q Y D N
F M G J S W K N C R E T S A C F L E I W J M I
W A Q F Z E R W E U R H R H D G X J A Y Z K C
K J B Y L M H K P M R Y B Z G G B G Z W P E L
G B J L M N V P M D E S C X D W I O F S A U E
O H Z M E A J K O X L L E B E A L D Q Q R Y S
E K I L M A E R D R Z Z E S W A L S M O Y G W
E M I T R E Y R C S P O I O G W G L S T A C D
```

NECROMANCY	MYSTICWISDOM	TELEPATH
CENTAURS	HERMETIC	CURSES
TELEPATHY	ESOTERICA	TARRY
ELFCASTER	GODS	NOTORIOUS
ELEMENTS	MEDEA	FABLE
SCRYERTIME	CHRONICLE	BELLEN
CLOAKED	SWORN	CHIMERIC
HIDEAWAY	DREAMLIKE	PROPHESYING

Puzzle # 15

```
X M Q L A L R L R L H M E J F W T C V L O U M
W L E P X U H T S E I R E S H C T I W S Z X E
R W I D R S U N S T O N E P V C F O K L A W E
M E O V I K H G V E P O R H T N A C Y L K X R
Q K D S E U P N Y P O J S H T I A R W O L K T
U H E I W L M I D G D E S I V E L E T R E R E
J O T R U R Y S O R K U O O D Q E R V T V O R
B U C G C G P U T I N X E S I U G S I D I R C
J D U H I Y C C A M M P L A N E T A R Y A R A
L I R S H I M C U N W W W E A V J N T N T Y S
C N T A N D I A E E C Q U N S I K F L S H N B
L I S F M K M B G S J F S G S R O D P U A K V
B N N E N I H P E S O J I R J G P R O U N M M
Q L O I O H S P I R I T U A L I S M H B O A O
P Y C G T T C M J Y F O T V P V P Q A T C Y X
B I N D I N G R U N E S S E Y H U X P H K J H
C A T V S G D G O G U S O O T H S A Y E R F S
S G N I Y R C S I F T W U V R H N Z P D V R Q
```

SOOTHSAYER	ACCUSING	MEDIUM
OTIS	DISGUISE	GUIDER
GRIMNESS	SCRYINGS	BINDINGRUNES
HOUDINI	ENGRAVE	JOSEPHINE
PLANETARY	SUNSTONE	TROLLS
SACRETREE	WRAITHS	TELEVISED
LEVIATHAN	LIVELY	SPIRITUALISM
CONSTRUCTED	LYCANTHROPE	WITCHSERIES

Puzzle # 16

```
M S W N F Z O Y Y T I R A L C M S W Z J N T E
V P E R A C Q C S S E N E V I T P E C R E P B
A E U L T C L T C L P A O M U S T O G D J T A
Z L S V M D D O N J E K M U B O K V S T F M F
K L R H G Y E U A B Y M B P S H A D O W Y K W
G C E J P A R C B K D E N E E R C S Z Z Q O K
Y A R A R D G E I L E S A E W N X J W A V B R
E S O J I T T W K P R D B P K Y K O O P S W C
U T S B M C D X U R H F K U S T T P X R V L G
C E N S A H I H E O O E P B A U J F A C Z H H
D R O I L A V O D Z N W R W M G B N I S S R Z
B G R H E R I P E B L T T I I X U N T Q D K X
A R D H P M N Y X B A R R O N L S A N N A L F
D Y L N I B E R E Q L A Y I O G I P A A K O M
O P U N C O T A H S N X M T C R T Q Z X R Y F
U H A G S U K M Q A L O W O W I Z A R D E S S
Q O C Q L N V I A H N Q R A T W K L T H H U F
Z N D J W D Q D N I Z C Y C U R E C O R D S T
```

WIZARDESS	CLARITY	SHADOWY
STAIRWAY	DIVINE	HEXED
ANNAL	CHARM-BOUND	CLOAKED
RECORDS	SCREENED	PRIMALEPICS
CRON	GRYPHON	SPOOKY
ROOTWORKER	PYRAMID	SPELLCASTER
LUNAR	WEASEL	PERCEPTIVENESS
MASK	DECIPHERING	CAULDRONSORERS

Puzzle # 17

```
Q T R U N E S T O N E S N A S Z D C M N Q S U
G A G B A P O T H E C A R Y G G O F G Y N M N
Y P L B S S U O R O P A V K I N S A C W C V Y
N T Z S P Z I J T U D F H R O G I D W R J T S
D E R E E H S C I W L C M O P G V B H E M R A
S I E L L G D Z J V U H M W B G T X T M S A C
J N T A L H W U Z K V Q R Y A J I G Y Y S N R
V Q R T C P N A F L A C I G O L O M Y T E S A
Y U T C A D K R A D L B Q R V D S E S X N C M
X I C I S E T L E S S U L E M I J L M A E E E
O S C O T P O X T F E E I N N J D J Y U E N N
A I N R E P Y V I Q K J R E M R A H C V S D T
F T H E R A D Y R U C N X S O I Y A B S N E O
U I Z H S M O T P O O J H E I U Z K Z J U N S
N O U C R S X H S U H J C V U Q U V K X T T I
Y N D R I D D L E T A L E O W C R U H V A A Z
U D V E L C I N O R H C S L G R I M O V N L A
N W I B L A C K F R Y A R G I U H A E R F Q T
```

UNSEEN	INQUISITION	GRIM
CHARMER	APOTHECARY	MERWYN
TRANSCENDENTAL	SACRAMENT	CHRONICLE
STAVE	DARK	WICSHEERED
FOGGY	RIDDLETALE	VAPOROUS
BLACKFRYAR	RUNESTONES	ETYMOLOGICAL
ENERGYWORK	GLOVES	MAPPED
SPELLCASTERS	HEROICTALES	SPRITE

Puzzle # 18

```
Y O M S Y W G B B S G R S L X L C I Z F D O K
G C U N H E O O L K O R D E W W A N B A J H M
E W G O O Q L I M D H Y J V A K L A W N R Y B
C O R I G M G V V U E E E R J I V T M T J D N
N T V T K I W C E V V D C K C W Z I T A U V K
E N M A S M D D N S W R I S N B Q R F S U O N
G E M M H S M Y S D I U R U C O E U W Y E Z A
I M P R G I S M U E W M A D G Y M P R R X M S
L L A O N C H A S J S O E G S P E L L B I N D
L I E F I I T C H Q R R L B W Q Q H O I L N Q
E A X S L T A I G P R S C R O M D O T Z E P D
T Y O N L T P F H P I O N E E R S V N C P G U
N K N A E I E I L H U M A N O I D S D Z J G J
I H G R P W L C O P H S E I T I N I V I D N T
K X B T M J E E U W I T C H E R E S S E S I F
D Q O Q O C T X X B V I L L A G E R S J L W B
F Y K D C W C F O P D T G N L Z W F D J U S E
I J D E W W J F B H Z V E I R X Q O U V U F C
```

FANTASY	HUMANOIDS	WARCRIES
ELVES	RUMORS	DIVINITIES
GUIDED	WITCHERESSES	TELEPATHS
VILLAGERS	SWING	PURITAN
SIGILS	MACIFICE	INTELLIGENCE
EXILE	WITTICISM	SPELLBIND
PIONEERS	MONKEY	CLEAR
TRANSFORMATIONS	COMPELLING	AILMENT

Puzzle # 19

```
J J B E C B S Y R Y Z R W X P H Z Z F B W I S
N V U K I D P D E I Y O P P E N G R A V E Z S
J S C G T E U U P S G E S J J Z E S H K C Q E
R H O P E W Y M E R G O L Z T B T U C T D J N
K T S R N O U I L N E B L S E I N P P N D P E
D Y C S M D U F L A S L E G O I X O S E A I V
Z M A N W A K A I F V A P N B Q T I M M B L I
F D Z O P H M U N P L N S U D I C T M W J G T
C E J I I S N T G S U C T S O K A R I O O R P
U T G D E T N I A P I H L N N R R I R R J I E
H N H I J D W D B Y M E M E T E S C G R C M C
M A E M K S E O H S Q A S H I X R K N O W A R
G H S A N C T U M K K S U C J N H E Y S H G E
Z C R R E E V D F I M R V D G F W R F G P E P
G N P Y A N M F N C I P V R O A D O M A X G T
O E F P U Y O G V A A X C X Z J G Y R R A H K
R L G H A V B R N W C V R D Z Q U Z S B L X W
M Q A M R K O S C C J S P E L L B I N D I C G
```

REPELLING	CRONE	CREEPY
BLANCHE	SHADOWED	POTION-MAKING
SANCTUM	HARRY	SEALS
SPELLBIND	ENGRAVE	TRICKER
PERCEPTIVENESS	ARTHURIANS	PAINTED
PYRAMIDIONS	PILGRIMAGE	SHOES
BASTION	BROWNIE	ENCHANTEDMYTHS
SICKNESS	SPELLS	SORROWMENT

Puzzle # 20

```
O H W O W F A D E N M A D H C E X M J D U W A
K D C S O L W A E E O A S L J X A L U P P G R
Z M T D T L P R T F D A N N K V S P D Q I W E
I N C A N T P E T S L O D C Y E G E I S G E D
N S N O I T P I R C S N I U I F L H E N G E N
J V D R B S E C N A R B M E M E R A Q L V F A
K T Q Y L A I R E T A M M I S F N E T R Y Z R
Q E P N R I X U L S A C A G O E F T Q J H Y U
B B X I Y Z L M E K A Q R K M I A H T N J E C
N B Y T J Q E X T H G I L B L P D E C E I V E
R T E S E E G K B V W S W Y T R F P E D X M T
V E B E Q P E A Y B V L W G Z A S L Z N G T I
A F T D Q O N W N T E J T E P H I Q X L P V S
V U D L E F D D R A I S E D O L U O S Q Y Q T
D M T R I J R W D G D S T O N E C A R V I N G
D G F C V H Y V P H D R W N E A R T I F A C T
I O D Q E T P C E U U C B N Y X X A A W Z M F
M U E L O Q R I I Q R V Y W T L H F A W P Y G
```

ARTIFACT	REMEMBRANCES	LEGENDRY
CLASH	SOUL	INCANTPETS
DECEIVE	OLWAE	TALE
CURANDERA	IMMATERIAL	HENGE
RAISED	GEIS	INSCRIPTIONS
QUEENY	ANCIENTTEXTS	HARPIE
STONECARVING	RUDD	DESTINYROADS
PHILTER	DAMNED	BLIGHT

Puzzle # 21

```
R J M E S M E R I Z E E B H I F F C I M S O C
V T S I L A U T I R U T H F Q L B F P O J R B
N B U V D G E E M P V A Z J N A Y A M V K A J
G I M M N W N R D K T V I V C M X R A M V F X
X D V P Z U C I G A M D N A W E T M V X S R F
E D I H U E P H I H S N B B C V S E S Z R E H
S Q M N R O W S Z T F D L D M A E R S D M W N
U D O M O V O I S S S T A E D I A S E D A L G
O Q Y L E Q M B A I O A C T X R L O L E I E N
M Y E D E S R U C L R J K C B E S R R T T S T
Z C P Q B F G Y R A C F C I U T Q B A C S E S
E U O D C O Q X A I E F A L N S Q I E U D R J
I V H L G Y D C M C R S T F D Y N T F R R I N
Z X O F X S G G E E I J S F F H P I K T Z O U
B U L K V O M L N P E L H A T X U N R S H M R
O Z P G I X Q D T S S R K A N G K G U N D I S
X M L W J N Q W O B F C S D I D A Z P O U R G
A E C E Y C G N I D N A T S R E D N U C A G V
```

GRIMOIRES	AFFLICTED	RITUALIST
FARMER	FLAME	HYSTERIA
EVOKING	SPECIALIST	SEALS
FEARLESSVAMP	COSMIC	SACRAMENT
WANDMAGIC	MOUSE	ORBITING
BLACKCATS	UNDERSTANDING	SWORN
MESMERIZE	GLADES	CURSED
CONSTRUCTED	SORCERIES	DOMOVOI

A G T B S R E V A E W L L E P S R S D B A I F
K H R Y C A F R N L C O C E S C A P E G O A T
X S A N G U Z X S S K O C H Y G P O B O U D M
L E N O C H U U P H W R N E Z Z K L Q M O E I
Y N S Y S M O O R B I N A J Z H R C G J S T X
H S F X Y L S F S C B I E D U A M Y K O T I E
C E O W M U I I C U S R N N E R D C S S A R D
T A R Q M G S R T C M B E V E P A W U I R P S
Z X M V H D G N D I N M P U V R T T N Q L S G
D C A T D S W U I F R T O N G N G R I W I O N
X R T H Z D E I R O Y I K N O A S Y I O T I I
N T I V E X E I N X G P P E E L T W E N F B
C V O B Q N G X G G M C G S V R T P B O L A E
N E N X K W F D E O A C F C I I S I R X R U W
N Y X N J C S E D H O S E R C D C Q C R R K B
J E J J J T A K B E C W X I S H E P J R P I O
Y O B I J A F L R N Z Y S B L A C K M A G I C
M D L Q Y M N L B D E M M M F Q H K K Z B U K

TRANSFORMATION	WOOGIES	CONJURATION
SCAPEGOAT	ADEPT	CIRCE
MIXED	SPIRITISM	ENERGYWORK
BROOMS	STARLIT	FOX
WITTICISM	BLACKBIRD	SENSE
SUMMONERS	HEXED	COBWEBING
CYCLOPS	SPELLWEAVERS	FIGHT
SPRITE	BLACKMAGIC	PLAGUE

Puzzle # 23

```
B C U T D H W S A I H C U O T C I G A M D B W
B U A I H T Y P R F P U H Q F D V F L D L C W
S R B P U S M E N E L I R S N O I T A C O V E
N A H T E B C A M R G Q N Y B D A C Q K Z A N
D N T T Y Y E P Q I B N Z L E R Y S J J K W R
D D L Q D O N I I C L Z I A V S O W R O M A Z
N E G J V S J L F M I L O R O K Q W T G N H X
C R B U B B L E D F P B T N B Q E L N Q B E Q
O A M J A M U L E T S S H O N C K G C I I J W
N H E A V E N Q I H E S E T N G O R I I E B T
T R U G P E P U M Z V E R K I U C V G Q H R B
E W C R Y E E I J J O T W W M Z P I A G Y J
N W S K K E R A H J R S O X B E Z S M H Y H Y
T P H D U Z H A Q R G E R J I O R C E O M M X
I F E H O A T P E D S I L L N Y S T T X G S Y
O Y N R G G A F G X J R D U S R I X I L E P W
N Y G S Y Q R W J E G P L H X Y M S H W J N U
O N E Q B G E D K Y L Q Y Z X I P C W C P L Q
```

AMULET	WHITEMAGIC	BUBBLED
PRIESTESS	OTHERWORLDLY	CURANDERA
GODS	HENGE	HAGS
ELIXIRS	MAGICTOUCH	MACBETH
FIZZY	NIMBIN	TARE
HARE	EVOCATIONS	HAVOCBRINGERS
HEAVEN	GROVES	CONTENTION
BROWNIE	PYTHIA	IMPS

Puzzle # 24

```
S G N V B U E L L Z I G G B E N U S T I K I R
M N I W E O Q A V O S L S E J Z I V J C L S S
H H R T L V P U F D C N I K P M U P S E P R E
F W G O G G M Y S T I C R E C O R D S X R B C
U V R V C N J Y G N I V A W D N A H I Q U C I
M R M W D I Q P M O O P M A T A L L E B N J O
E W P K E T N I Y E V R M Z H D N E C B E S V
P I L A S A Q U X Q H L A E R E H T E A M E O
L T D J O V L C W F N C I M P W B Y R C A I D
B C O V T I A R A R V P L D Y D F V U I S R R
C H O F E T M C R X J P W A K F C Z N R T E O
R E M T R P S S L S I T O F A O I D E E E T K
N S S F I A A W O D G E L I L L K K B T R S U
W H X R C C T U C K Q H X C L K P Y O O W Y T
L A Y Z K B N Y K M M L S L I T X I U S S M W
A V R O Z F A C N E H X J C E A X K N E B U P
I E D R H F H C R Y S T A L D L B H D L X H L
F N G W C Y P L X K B Z Q Q X E T R M S W O C
```

ALCHEMY	RUNE-BOUND	WARLOCK
UNICORNS	ESOTERIC	KITSUNE
CRYSTAL	MYSTICRECORDS	RUNEMASTER
ESOTERICA	ETHEREAL	DOOMS
FOLKTALE	OTIS	FAE
BELLATAMPOO	PHANTASMAL	WITCHESHAVEN
HANDWAVING	ORDOVOICES	CAPTIVATING
PUMPKIN	ALLIED	MYSTERIES

Puzzle # 25

```
K X V O F A O U Q H T I T A N S N I U C Z A B
G G E M N B Q T F G I A N T S Q S M U O O S O
H O P I F A B I O K H X X M W D U T L I W E V
A U P Q L N L R G C O T D F A W S Y G A F D B
S S U X Z S P G B B Q Q T J G E P K T W A A W
T E M H J H Q Y O T X D Q D N X L F Q S H L I
L F P E F E K E U R R W U X E S B S O J I G Z
Y G K R U E D A N R F C E L A N E X T D B M A
N B I B H G C I D Y P A E T R H Y U L R K J R
E O N S S M E D Y E Q Z N J E O E Q X M O A D
M S L J B D L Y X D L K Y Q R B P U L O P M B
I A S P I X T D R W U B S T Z G E L N S D Q A
L L O N A M I K R O J H B L B O E C X J L N N
N M E D N O C C K A G B D U X B D H E A D P D
X T P X S J S L G Z G E D I B L X I N A O V P
W A R N E R I I W V S O L S U I K N A R J D Q
Z S E V O C A T I O N D N L H N A K Y C D S U
M O C Q X C T B P C V F O P A Y I H W F Z F G
```

BUBBLED	HERBS	ANNAL
BANSHEE	GIANTS	CONDEMN
TITANS	QUEENY	DRAGON
WARNER	ALLEGORY	FROG
GHASTLY	PUMPKIN	FOGBOUND
NEARER	MISTY	GLADES
ZODIAC	MAELSTROM	WIZARDBAND
CELTICS	EVOCATION	HOBGOBLIN

Puzzle # 26

```
S E L A T R E R E C R O S J G U H H A A M B L
E D C D U V T T F V S O U T H L A N D P A I B
R G I U I L L C E Z D C X T P G F W W P T V T
O A T D D E I P R A H A J C T U F O B B I Q Y
L W S L E C S X I T W E V B I Y O K F O M O X
E R I E J F S U H A S H A P E S H I F T E R I
N E L Y X F E G Z R J H I D E A W A Y R T I D
U Z A Z L B R N B R G U S B C Y N T Q R X O
R A U M Z U T I C Y U R E M A L F S R O A F O
Q G T S Q S R Y C V V O R O H W Y D Z E V W W
W R I I P H O F O X H W P M N L Y O W L E E D
J A R C I C F I N D E N R D C I U G J E L F L
K T C I E U C T J O G I S R E P S I H W P Z I
N S P T T B I S U J H E N E M B B M S F S A W
W J R S H F G Y R E S P T I A U N E V Y R W C
N I S Y F Y A M E I W K Y I Z P Y D R P B J D
C M V M T V M Y S P N F F R N Y M P H S O Y O
N O N P Y C N A M O E G O T G Z Z T N N H Z G
```

MYSTICISM	SORCERERTALES	TIMETRAVEL
GEOMANCY	TARRY	RITUALISTIC
MYSTIFYING	GRYPHON	WHISPERS
SHAPESHIFTER	CONJURES	DUDLEY
FLAME	HARPIE	RUNELORE
WILDWOOD	STARGAZER	HIDEAWAY
NYMPHS	CAPE	DEMIGODS
SOUTHLAND	MAGICFORTRESS	BROWNIE

Puzzle # 27

```
E P U C S Y K J T L V D R J D R S D I L U L A
G L C A I J D J Z I M V S A T D M P O E U D R
A M X J W I E G A M I R G L I P A K E V F U L
L O I A N E C R O M A N T I C N A R R A T E Y
L C A V E R N S Q A G K M N R W R C Y O Q T C
I X Q R X T P D Z N V I S P P O T I O N S R A
V D Q Q X D T N E I C N A T M K D U Z N O X N
J R E U A R N U J L S T L X O P D Q P T K P T
S S E N I T T I W Q P N L B W R J A C F U Q H
F A E L O R E N B L E W T J S H Y O G T P V R
C H T L X V R S A L L T V V T F D T N I A M O
C R O S S R O A D S L I J U U H T A E U X D P
S E L B A R A P V A I E X U C R H O E L W W E
K Z O M J U Z E A S S H P T D C E A U L L S R
R T L J F Z L U B H T J I S N G P P X Y I E Z
E A E X S C I T S Y M W K E V E E S Y F N X R
D L N O I S U L L I T I N V O K E C L P X I E
D E I I N S P I R E D F G E Q W Y F N F Z E J
```

ILLUSION	PARABLES	NECROMANTIC
ANCIENT	INVOKE	POTIONS
ENCHANT	LYCANTHROPE	FAELORE
JUDGE	NARRATE	SPELLIST
TALE	EXILE	WITCHDOCTOR
SPELLBIND	MYSTICS	CROSSROADS
WITTINESS	STORYTELLER	INSPIRED
CAVERN	PILGRIMAGE	VILLAGE

Puzzle # 28

```
H B T S D A C K W M Y M T H D S V E R S P R M
H S E M O T T A N B M H P Q R N T Z G R A S P
S E L B D W R K I P G Y U Y G E V H T A Y X T
O T E E C N A E S U L A G N R X Y N M X R X N
R I C F S I Z C A G N B X N G R O B E V E L A
C R A N O C P R O Z A I A H O C R I F S C L H
E G R A Z R D R P A F L K L O F E E R T R D C
R N B T Z M E D G D S J G L G B T A A A O V R
I I M F X I S S R E K R O W T O O R I B S G E
E K R F H Q L H I U P R A T S E R O F W Y N S
S O A C D X A S A G C C M B N E E S N U G Z A
J V H V E Q X B A D H C I R E M I H C R Y H E
E N C R K Q U C H Y O T Y Y C N R O A O C M S
M I D E A S I X Y J E W E Y Z F P V I P L W H
M I G E O A Q C T E Z Y P D J L E V S E K X W
F Y H T L H Q E H S I Q N L R E T S K C I R T
C V G B C U F H D G N I T N A H C N E N Q P T
H A V O C B R I N G E R S Z K Y V M E N L X S
```

ROBE	ENGRAVE	SORCERY
INVOKINGRITES	HIEROGLYPH	ENCHANTING
UNSEEN	FORESIGHTED	DRAUGHT
SORCERIES	CHARMBRACELET	SEASERCHANT
GLORY	TRICKSTER	ETERNALS
SEANCE	CLOAKED	ROOTWORKER
SHADOWPLAY	HAVOCBRINGERS	CHIMERIC
TREEFOLK	GRASP	FOREST

PUZZLEWHIZ **Themed Word Search Puzzles: Issue 18**

Puzzle # 29

```
P Q M A R G A R E T I F P M W Z O W I J K O L
W G N I L E N N A H C O A F I S N I S U O C T
Y Y C U I P J O U W U G R D S F X T V N E X V
F G T G E G E E N S I A O H H O H K O M U X G
B Y R U C T E F A C S Y E M B T U Q J J H Y T
E H E N G E R B T T R S J N O I H O C U S E I
E S J H I N R O R A K T T Q N S K Z X G C Y K
B E U K E I U O N A C O Z C E R K W E X Z L R
O V V O N C L I K J B R E R U D I T I O N S O
O U I A H O G N E U F M T L N C V S C G I U W
K I N J G A K P E M Y S T I C S G M Z Y K D Y
O Q K Y M H I V P O N E K E V W J U I P N O G
F P O I D C C Q R R H S I L U O H G M R H B R
L Y W L N H I W I T C H C R A F T D R A P J E
I D S E M H E M E T A P H Y S I C A L H X W N
F E S Y M E O C R S X L G A Z T Q J I M P H E
E S Y X N T S F Z K W D G Y E U M T A D M W F
I L L U S I O N P E R C E P T I V E N E S S T
```

ILLUSION	HARPY	IMAGINARY
WITCHCRAFT	HOCUS	WISHBONE
METAPHYSICAL	MARGARET	EPICNESS
OTIS	GHOULISH	HENGE
MAGICTOUCH	CHANNELING	MYSTICS
BOOKOFLIFE	ASTROLOGY	COUSINS
ENERGYWORK	STORM	ERUDITION
HOUSE	PERCEPTIVENESS	SABRINA

Puzzle # 30

```
J X W L A I D R O M I R P Q P Q M J D V P I P
X G L S E L J C G W T E H V F G X I F Z L S B
F N T N P W C P J X S C O R P I O N S L N Z L
I P D W X D S G H H S S R E V I R R U C T Z W
Q O S O E U T K T J E P A Y V X N S R T W V J
R U T M Y N A Y N J N I U T Y G I I Z P A O W
Y C O I C X C T E W L H H F Z O I M B P L B F
N N L L E H K I M I L S Z P N S E I G R E N E
S N V Z R Q C C E N I B E A N I M B I N J Z Z
K Y Z K C I A A V V E Z R P O B O U B W T E N
F C M E E P L G A G I Y O Y Y M S U B X R C T
T U H D S P B A E I R N Q R M T A A Q X R R L
X F T F O E R S L C E U C I Z X E C G U V K D
K A Y N O U L C W I A L F S A J C H C A M B O
F V S M R A U I T X F D Y C L O K I C U S E S
N C E M G L S J N X J A X I I A B W I R S A I
B N U Y N A Z U B E C S D Q C L H A K V A E Z
S H X G M F G P G P W V Y I E Q C L T B U Y R
```

ILLUSIONARY	ENDOR	FAERIE
ELINE	ZANY	ALICE
PRIMORDIAL	CRUCIBLE	ENERGIES
NIMBIN	SAGACITY	NEWT
OMENS	SCORPIONS	LEAVEMENT
BLACKCATS	SECRECY	ARCHETYPES
SAGAS	RIVERS	DEMONS
HUT	ACCUSER	ILLNESS

Puzzle # 31

U N W Q K Q K J J Q E S Z A E D E M B N J T T
A C I N R S C K B L Y Y D U C A S E N Y E O P
N X Z F T S H W W U W R G P L D W E W Z N L G
I X A C J E G K S N S R E C R L W N V I Q U G
K H R I L N Q T J E D I D T Z T O F C O I Q W
N A D F E K A D O H R X L E S Z L S U D L C G
O V C E Y C V H D O X I J N T A F R E P L G J
G E R C O I X E A V K L M E S C C D V Y J E U
A P A N E S N I R T G E C X L J U L G V D N K
R Q F I E B M U K E Q H E U H A S R L Q D H H
D E T J P O E Z B L F O R S B K T A T E G O R
C D J L M O M R L E S E R O L G A X R S P E Q
T I U Q I T N A O P F J H V W B Y L Y N N S T
R V X W Y P D C O O T K T M S E I I F V T O S
D O R V P J H L M R F N Z H Q N E I L O N Q C
P N E C R O M A N T I C W C G Y D U H X S R C
M L A R U T A N R E P U S Q F F F J A E A Z I
A I R O T C I V M Q E X O T C C I J T T U R F

SUPERNATURAL	VICTORIA	NECROMANTIC
RHODA	ELIXIR	SPELLCASTER
TELEPORT	DARKBLOOM	TALE
UNDERLING	LORES	WOLF
GUIDED	TONICS	DRAGONKIN
CONSTRUCTED	WIZARDCRAFT	GLEN
ANTIQUIT	HAT	MEDEA
GLOVES	REBECCA	SICKNESS

```
D V B C O N J U R E Q N K B R R Q I S W U C K
U D L P F D G R A N G E R R E T S A M E N U R
Y R F K J R V K H J E S Z A S B J I O N Y Q V
A W E R Z A R N F P B E L L A T R I X H E L B
N O H P Y R G S T N A Y O V R I A L C E E W F
D J W G I Y Z X S U A B M P R A T I Y Q O I Y
V A T K E P I C M E M O R I E S R E R X B B N
O N Y X H F B N R U N E M A K I N G M W I J O
O S U S O P R O S X F E T F Z Q A Q J O A S X
P T S I L T E I D G I V V M T R R S I G T Y X
M I E T Y L W T K R E N O I S S E F N O C V C
A W I O E V E I A G O O B T T L T G R Y V Z E
T K X S P N R S W L S W Z Q B P F I R X Q V Q
A C I X I C S I H O R S E A G L E Z T J K W U
L I R A C J U U M D A Z R N J S A C N O Z E L
L U T V S E M Q U Q L A X J U K Y E R R M U Y
E Q B Q U V S N W B P X N M F R R N Q E I C Y
B Y U Q U H P I U K X Q Y W H M N E K Y P W T
```

CLAIRVOYANT	GRYPHON	RUNEMASTER
CONFESSIONER	CONJURE	INQUISITION
RUNEMAKING	OTIS	RUNEWORD
BELLATAMPOO	PERCEPTIVENESS	GRANGER
QUICK-WITS	BELLATRIX	STAIRWAY
TRIXIES	PARABLES	RAT
HOLYEPICS	HORSE	EPICMEMORIES
STORIES	KEEP	BREWERS

Puzzle # 33

```
D L P T H Y M A E L S T R O M H K E B U J T S
C S W G S S E D U M A A K V F C B I A F A S N
M T I M M A T E R I A L C R L O N W I U N F O
W P N I P I L J Q X N X W A R D B I T U A H I
D I V T H T A P K T Q L H T I G S T H G C Q T
N R L E A N C H Q U M E S N R T I C H F A D C
G C G X N D I L V R N P G P P A Y H V F F F I
N S I P T R S B Q E I R G V G C M E Q P H A D
I N L S A A Y Q R S U E D C Z I G S C L H B E
W A L P S U H Z V N W C H O B G O B L I N L R
K R U L M G P O E A Y H K G S A C K W Q A E P
R T M L A H A S C M Z A N N R M Q T E V M M B
A R I S L T T U Y Z C U V S U M E R I A N S M
D V N G G N E R O B I N O I T U C E X E F J O
Q G A V M B M D E S T I N Y R O A D S O E P L
P E T R O N E L L A T E U T R I V C H F C G T
N M E J O U N I V E R S A L Z H M W O E Y G F
T Z D I I B D Y A A L M M D I E X U Q K O N S
```

MAGIC	TRANSCRIPTS	ROBE
WITCHES	DRAUGHT	EXECUTION
VIRTUE	PETRONELLA	METAPHYSICAL
ROBIN	FABLE	MIXTURES
PHANTASMAL	MAELSTROM	IMMATERIAL
SUMERIANS	BINDINGRUNES	PREDICTIONS
ILLUMINATED	LEPRECHAUN	UNIVERSAL
HOBGOBLIN	DESTINYROADS	DARKWING

Puzzle # 34

```
B V U P I U Y Y H T A P E L E T X W P X J S U
U Z D Z H S N G S A X C W Y C H Z U O O S S A
S Y N M O M U N E E C C S N R O W O T Q K D V
M L K O G U F I S A Y S A A O Y T J M Y D I B
F R U R A V H K S L R E B R N R E D Q K M A N
C I W O W G Y A E B B D R N E I G L X V X S O
W S S L S R R M R D A Z I I F A A V J C Y K O
V G J V G E D N E D D U N A O F I X E E Q O B
Q N C E H V X O H U G T A V Y S L O R Y T O L
N I L H E I E I C Z E J H A P V O G G X H B T
B N H I D E S T T J R Q R C K I F B O A U L Y
Y W O J D W Q O I C U W M R Q L J G T T A L R
R O I C P E B P W Z M Z U O C L X W I J K E M
Q R I G P R Q E C I V D A E G A S G S R X P U
J D K P D R H O V E L C X R K G S S M Y F S X
D E L I E V Y A S T R O L O G E R O L E A F C
J J B A X A D H E T Y M K A L R F V R O W W C
M T W I L I G H T E H E R O I C T A L E S F L
```

ASTROLOGER	DROWNINGS	TELEPATHY
REVIEWER	FAELORE	ERGOTISM
VEILED	SPELLBOOKS	GAON
NARNIA	HIDES	TWILIGHT
POTIONMAKING	BADGER	SAGEADVICE
FOLIAGE	HEROICTALES	SOULS
WITCHERESSES	HOVEL	CRONE
VILLAGE	FAIRY	SABRINA

Puzzle # 35

```
Q R O R K L I S S N G X P W W J H E I Z Y P E L
L G A K H B T P K J F J F N G P Z S P V R H O N
N T D I V I N E C R A F T S P I N P R I M A E S
S X U O B I Z L A A I H O X M O D H E H T N Z B
B J Q V B G Y L R X I S Q E I A A E D O U T U G
G L Y C A N S C T U J Q H T Y R H J I V P A T Z
Z N K V K W C U R R Q C A N S D H C C E S S N E
E S I I Z U H R G B L L A L F O C X T L B M H S
S Y U S O M V S N A L Z U N Q M P L E H E R O M
M A P I U Q K E Q E J O V Q B N S Y D L H Q S L
L W O O J C L D T B S U N V Y C Q I P V D P R A
A H P N D B C S R N O I T A T U M S N A R T O E
E T J A K R N A E X K X A K J J I G N W C Z E R
R A F R L O U Y M U R I Z A F V Y N X A I I G B
B P J Y C E R O R S E T I R Y T I N I V I D Q M
M S I T O G R E A W N K O T I J C T T D L M E I
I C U R B R W E H C B N G N I N E K A W A E R I
I A Z Z U T U M C R U X L J D O R Y M B U M O
```

TRANSMUTATION	PATHWAYS	PHANTASM
TRACKS	ALCHEMIZE	SPELL-CURSED
ZANY	LYCAN	HERO
DIVINECRAFTS	BRUXA	ACCUSING
JINN	ERGOTISM	CONSTELLATIONS
CHARMER	STAR	REALMS
DIVINITYRITES	SOULS	VISIONARY
HOVEL	PREDICTED	REAWAKENING

E Z D H R C A H R M B T L X G S I C Z A J Y V
K L R K O N Z O X E E S B H A T W Z V M B I S
L Z I D A M W L W L W G O B L I N O I D J N W
N B C O V E N Y S I I L N T U R O M X D P C B
U L T S E W M E W Z T I G M Z Q U M W X C A H
R A Y S Q Q G P A A C P O T T E R M I F A N S
V U N A C A K I J B H P Y C K E O N O L V T U
P T J Z M A Q C A E C V A W R H E V Z R K A P
Y I K I N T N S S T I J M L U O X X X A S T M
N R E G N E L L A H C A C R H N W E B O R I A
V C I I R P K T K F G Y A P N R O C I N U O C
M I D R K D N A O E T R A N S C R I P T S N O
Q M N E H A K A R R S N G X F C T D B H Y S P
F S E L A O Q C H K T U J I D E L I E V U I P
X O H K U J D G N J C U G M D I C K L N R B I
X C T N Y F R A N N O S R E D N A S A K W F H
B R Y E I N A R R A T E P E U H J W N X W Y R
I R E G R U T A M U A H T N S V H R H X P J J

MAGE	TRANSCRIPTS	ROBE
PHOENIX	BEWITCH	HIPPOCAMPUS
THAUMATURGE	KRAKEN	GOBLINOID
HOLYEPICS	NARRATE	CHALLENGE
RUMORS	UNICORN	VEILED
TORTURE	COVEN	ELIZABETH
INCANTATIONS	RHODA	COSMICRITUAL
SANDERSON	IMAGES	POTTER

Puzzle # 37

```
E D V G W I S H B O N E D M W E V E D T U R M
F H F J V R Y R E K C I R T M A O J V M S B O
X S R E T S A C Y K S K K B Y P E S I V D A D
E Z G Q E N P K K Z T W D O T N T X E B J B S
P N T S D A R K A R T S I Q H U O A U K L Y I
I U S K E D O U N A B U P Z S L R F H S F H W
C S M U G X W A R S A I E T I R P S F N V H C
A Y A Z A K M A N Y S U Z Z A Y L A Z I Z K I
D D R A M G L P L R O E E C N A I L L I R B T
V I T A I U B Y O A S A D U L T A L E S B G S
E Q N N C O B C T U B P S R N P B T E X T S Y
N R E O G U E Z M T E L E C A R B M R A H C M
T Q S I G F W I T C K T V L X Z Z N G X B V V
U T S I K Y I F J N K G L V C J I J Q O W K S
R R J K W I T G U A G I E Q F H R W Z W L B R
E B S A D W C U B S H P R M B E F R I E N D B
S G N L R V H A C A D E M I A F J L K L C P R
W D F U A E D C N Y P X U S P V O I A R D U G
```

MAGE	ACADEMIA	WAND
TEXTS	BEWITCH	MYSTICWISDOM
WIZARDESS	GRIFFON	CHARMBRACELET
EPICADVENTURES	TRICKERY	MYTHS
BEFRIEND	DARKARTS	ENIGMA
WISHBONE	SMARTNESS	SKYCASTERS
ADVISE	SANCTUARY	BRILLIANCE
SPRITE	OCULAR	ADULTALES

Puzzle # 38

Y E O L N M P K A Q O B L A G R A A D L O Z D
Q O W X I D P E O A H R A X C L L M W Q H G P
M T R N K E N Y D U T O D X S Y S I I R I E D
N H W I N K F R P S A O E V P C R H Q R H W X
M A M H O I Y E F A P M P C I Z E E Q K K O J
A U B P G L V K G R E S T R R F C C O S M I C
R X N S A M M C H L L T S J I U N O G X B N Y
V S U Z R A U A I M E I H U T M A Q Z Y T F G
E A J R D E N H M R T C I T T C M T N L C N N
L N Z W B R Q T M K D K P U R P O P C D I A R
O D W C D D D L A L T S A N A G R O M L X A M
U E S A C R E D T E X T S P P F C G E Y Z E Z
S R A D E P T N E S S Q R G P B E N B V J B Q
I S O Q S D A O R Y N I T S E D N R F W N W C
J O G K N H R Z I P L Y U Q D A S K Z V X X W
G N I V A S M I A L C C Q B H S B M D W C G U
T R K V Q X P C L K P B L C O M P L E X I T Y
K L H A Q D R V G Y R U M H N I B D U X J Q E

HEX	DRAGONKIN	TELEPATH
NECROMANCERS	ADEPTSHIP	MORGANA
ADEPTNESS	MACY	MARVELOUS
THACKERYE	IMMATERIAL	SACREDTEXTS
BRUXA	BROOMSTICKS	COSMIC
CHANNELING	DREAMLIKE	SPIRITTRAPPED
DESTINYROADS	SANDERSON	COMPLEXITY
CLAIMSAVING	SPHINX	AUSAR

Puzzle # 39

```
C G W U B G W E N S O R C E L L E D N G G A E
L L E P S T S A C R H U L S E N S E M A T K K
N V A P I J T S I L A B R E H J G A G T U D C
T G E U T N W O G J Q P T I B R O J K H K T I
P G N P R I N O S L E N B M Y C J B Q E N L R
A L T V G N M Y S T I C W I S D O M L R W B X
A E F P K V R S J U V E K P W A T D S I L P T
S A A R C O E R X D E G Y Y O O E Z W N G S G
D R R Y I K Y Y R S T R A V E L E D C G Y Z M
R N C U T I N S O I M M O R T A L S H S K Q S
A I W F S N X G Y A W D M M M L A I R T L V G
Z N O P M G F B A N S H E E F O L K S E Q Z U
I G D B O X U N S G N I T S A C R B Y I B S X
L Q A K O T G K H E O H R J L C L L L P G W V
I U H V R U B O N E S E T T E R S Q R R N W Z
Q G S V B N F D O O W D L I W V C T F A K Z L
R J I L P U I C F V C F K D U P A P T H T H O
R K N X W P C I T N A M O R C E N I S B M W W
```

NECROMANTIC	BROOMSTICK	IMMORTALS
TRIAL	SHADOWCRAFT	HERBALIST
CASTINGS	BONESETTER	CASTSPELL
NELSON	ORBIT	HARPIE
LEARNING	INVOKING	SENSE
LIZARDS	WAY	GATHERINGS
TRAVELED	WILDWOOD	ENSORCELLED
GOWN	MYSTICWISDOM	BANSHEEFOLKS

Puzzle # 40

```
C M M H B W E Z T S T U E P D C I C B N T P Q
F E C R X X S E X U S U N U I C P N J N A H I
D S O O X P N L V P W G X P T U O O F V Y N L
V Q S O A U O D K E J S E A N C E N Z U S L Z
G A O F D Q C A T R E T L I H P J D T C S B B
Y T Q Q G O V R Z S Y C E Y O D R J R E U E T
E T S I C R O X E T U Z M O I A E I E C S X D
K D S N P W R V R I D N S U U L P N O X J T B
N Z C E T Z X K K T W H O G B T S N E S Q S S
O U M S R V C G V I S W H E I W C N G E E C R
M Y Z R I O U K J O N T Q O H O Z N S S R T S
G N Q E X U F A V N M X N F C T I X I F I C C
P D E W O D A H S O P S F T M K N T F M Z I S
B A X O S N A T I R U P C Q R L A A X N H B Q
B T C P W T E U C V R P U A T E C C P C M V V
X L N M M G S E M T V E M P R Y Z V Y P V L F
T V L E I N V I S I B L E T K J K S V J H H U
Z E Q C Q Q D O N S P E C T R E P J R G L Y Y
```

SUPERSTITION	MARKINGS	CONCOCT
VOODOO	DRAUGHT	TREATISES
INFUSED	CONTESTS	PSYCHIC
SEANCE	EPIC	PURITANS
INVISIBLE	EMPOWERS	SCREENED
ZELDA	SHADOWED	SPECTRE
EXORCIST	MONKEY	PANTHEON
PHILTER	INSCRIPTIONS	FOREST

Puzzle # 41

```
E F T Q Z S U M M O N D G R G B Z M A D Y C L
J L X F Y S C R I P T S W Z Y V J E L H S Y V
C O B A L L E S K O O B B T H D O H X O A C D
P Z M A B A T B M C Y H X H M Y T H O S T U S
Z T K Z F L K M P S X J Q P B K H P C E N K S
F P M V W C U C L E V E R N E S S U I E A N N
J T M X I G R D W L N L P H O M P R M R F F R
A H S L N A O S A T R K E E Z C N W W A A E C
F F F I L E W E R R P R X X P Y G F A E N G E
C P X O L V N A L A P U B G N A P E R G E A F
K E H E N A L V O C T Q A A Y J C Y H V F K S
H C W Y C T U T C K T S B S N L T S I G B J E
S H M R G C D T K S O Q T A X A Q D M F N S J
M K A X E R Y P I P Z H U H L U E K K A I I T
W H U V D S T D C R D E J E G N K Y V V E V R
E N B R L J G J M O I E S L C I G Z D W D R N
F W N E L S O N T U X P E E X B N A K G H B D
E B L Z D F W H B L X O S M Q E P S W E H F X
```

SEER	CLEVERNESS	WARLOCK
ADVISE	ARCANE	SPIRITUALIST
SUMMON	TRACKS	HEXING
BOOKS	FANTASY	EVIDENCE
DREAMSCAPE	SCHOLAR	FABLE
NELSON	MYTHOS	PYREX
FLICK	FAERYTALES	SCRIPTS
HUMANA	NIGHTSTARS	HEXGAS

Puzzle # 42

```
S Z C X H I D C A I D O Z P A D Y H H M S S D
I D M D U A W L R U Y N F H G A H J N B A E R
N I V H J M X I F Y N O D M K A T P E J P M E
S V S W F T D K H J L O X A F X P A I P W U T
C I G N B D Y M A C F K P F X V M S A Y M T S
R N K F L P D X H L D U L R S M V R L M S S K
I E A E Q X F H G W R I G H A S T L Y R I O C
P R S S J P Q Q W O C V Q S M T N V H M T C I
T L E C N E S S E T D A K D I S K C T K O F R
I O Z E Q T O G E Y H O L R N S N N N N N X T
O R K O R U M D X D O X I V J A Y O S R P S D
N E U E W D D H M B S P E Z X B R T G P Y P O
S I F U Z H K B L P S E G D O D R B J R H Q Q
V X G I E V R L C W C E A U G U R I E S O C O
P I J F L S E J S X K I N J C Q O Z J R H G C
F P V G N P I N O I T I U T N I P Y T H I A B
I L L U S I O N A R Y E E O J H U F M L L F Q
G L I M M E R I N G E D P B Z A N A G R O M J
```

INTUITION	PYTHIA	ILLUSIONARY
AUGURIES	RIDDLES	PIXIE
GHASTLY	AFFLICTED	ZODIAC
FIREBRAND	DODGES	MORGANA
INSCRIPTIONS	SPELLBOOKS	GLIMMERING
SPIRITTRAPPED	HYPNOTISM	COSTUMES
DIVINERLORE	ESSENCE	GORGONS
CONSTRUCTED	TRICKSTER	NOOK

Puzzle # 43

```
A F Q S S D R O C E R C I T S Y M F N S Y N G
D S S O C A U L D R O N S O R E R S A Z H I G
O C B E H E Z L C F V C X A K J T H I T Z F N
R N H U I F F A N T A S T I C E B D O B Q M I
N H T N I R Y B A L M E I C L P O X R F G E S
E A S T R O L A B E Q A S E Q O A N W J K F S
D H S P E L L C R A F T K Z B W U U H W H B E
T N E M E L T T E S C I V X A W O S I O P T L
G L E V I A T H A N N R H U D O K Q C O S A B
N X H C R E O H E E R L F R M W C U E I O I H
I T A L Q C K H S P M J O B H V S V S T N O O
Y Z R O E T G I B X N W E E W P I H O E O O S
F J D A D A S C R D N Y N J O S A A L L I T T
I I U T I Q R X S I S Q R C U D W M F E B Q V
T C W T N L W N N P F J U L O F Y Q S P P A Q
S N H Y I T H G I L B S E W I N V O C A N T S
Y P S L N Z S W V N B S E H R X P M D T L N H
M Y A W S L L E P S G D Y L D C L N S H H Z C
```

TELEPATH	SPELLSWAY	POWWOW
LEVIATHAN	SPELLCRAFT	MYSTICRECORDS
TELEKINESIS	DROWNINGS	BLESSING
TRAIL	ELUSIVE	HOCUSPOCUS
SHADOWED	FANTASTIC	MYSTIFYING
TONICS	LABYRINTH	SETTLEMENT
INVOCANTS	CAULDRONSORERS	ASTROLABE
ADORNED	LEARNING	BLIGHT

Puzzle # 44

```
P A I E H H D A Z Z L I N G S D B C R J U Q B
N M C N S C U R A N D E R A E F O R E S T S A
S A G I M P D G I M E M G C X U R W S M K R Y
N M W Q T I T U B A W K U A T D N I K C Q Q R
O S J Z R H T Q Z X B D E W U O P W O U S E U
I O C T I A U D B K O D V V L W Z L A C K T N
T A B N W W X C K R D T O B M T R N I C W Q E
A V I V E Z P G P K I O K C P A C P I V G Y M
L H D Y F D Y N I M V S E A W I E R S Z W L A
U S Q H N B S I E G K P D U E Z T G W J I L K
C Z Y B Q Y P L E L E M E N T A L V G E V J I
I E V O U C E R H C F C T D R Y U B U A O S N
T J S Y Z S C E G O A S K T C R J Y Q M L L G
S E F S S S T D S L A I V R U N E S T O N E S
E Q M N E N R N W G B U G S P E L L I S T Q N
G E E W H N E U A P K S H A D O W D X F W C G
N S K J F L C T H I R D E Y E P A T H W A Y S
S V E M E M J E X O I X F W C Y L I J W O G K
```

ELEMENTAL	EPICS	THIRDEYE
ANCIENTSAGA	TIMELESSNESS	TITUBA
WARLOCKS	CURANDERA	SWISH
SPELLIST	PRODUCED	SHADOW
EVOKED	SPECTRE	GESTICULATIONS
UNDERLING	RUNESTONES	TRICKER
RUNEMAKING	ESSENCE	DAZZLING
VIALS	PATHWAYS	FOREST

Puzzle # 45

```
T N N P F P B B E N A N D A N T I E Z D E F C
H L F Q T L X I N E O H P S B V N Y S I H M X
H A D S P E L L B O U N D X N O H R X U E N V
A Z G N I T A V I T P A C A T O C Q Z Q P G T
N S W A I H T Y P O E S D S C O R Q T I V P X
D V R S H R M B P O C R E U K C E D Z L S H I
W K C A I L L N E S S N S Z T S L L L W U C C
A E D U I U M N E V U P I G S A A D R U J Q I
V O K A E L C L M R O E Z V E C T G G Q A V L
I E V A A P I E N C I H V L I R Y C P M P C L
N T T D S G Z M U D Q B E S M E R L J W Q A U
G A R U S N Z S A U Y M Y R S D I G H O Z N S
F M S D N I N W H F E H U H T T A P Y O P W I
S I L L Z L S P E N P H B E O E F K L E J P O
N N U E J I M W T A P R W I O X Y P G N H Q N
D A E Y F E D A T L E U X B B T K U Z N U G I
Q C K O B V L E U W B I X Z E S R U C B X V S
S B G R G S M S M Y R C M A Y H R G H F S V T
```

CURSE	ELEMENTALS	ILLUSIONIST
PYTHIA	RUNESTONE	BENANDANTI
BREW	DUDLEY	ANIMATE
SACREDTEXTS	METAPHYSICAL	CAULDRONS
FAMILIARS	HOCUSPOCUS	VEILING
SULPHUR	HANDWAVING	FAIRYTALE
CAPTIVATING	LIQUID	SPELL-BOUND
BOOTS	PHOENIX	ILLNESS

Puzzle # 46

```
W R P B F F O W A F S E V L E L Z S E D F H I
B W R V T L N R N P D E E C L H J U A S A G G
B E D C W U D I B Y E N R U O J D G H H M M A
H S J I W O I T R Y P K M M F H G O C L I B C
D C S V R S V I Y Z X W F E E Z Z T T Q L H I
G C K U W F I N U I U J O G B X I Y U O I Q R
A C C U S I N G U X A N L N U W O T K K A Z E
L S T Q L S E A V X B D E E R F Y R I J R B T
I C E M K T R D W Y L Q I S E W P T C S S U O
I R V U Q F K E L F I P D T Y V K D A I X R S
K O A R Z A P P Z R D K M J Q O B G A D S D E
I L W M G R W T Y R E H C T I W E G D G O M V
N L G U T S S N S K L O F H C T I W A G U X K
O S I R S E A E T F I O X Y Q K W G I T W D I
L V R S Z E E S D I V I N I T Y Z M Q V X T W
G R I M B I U S I W A G Y S T S E T N O C Z R
Z H N V Z N G N W P R J C S P D E S K Y H P S
Q H H Y U G M L E L C A R O A C C M V A A W M
```

SAGE	JOURNEY	ORACLE
DEMIGODS	DIVINER	ELVES
ADEPTNESS	CONTESTS	SOUL
WITCHERY	HERB	WITCH
FAMILIARS	ESOTERICA	WAVE
EXORCISM	SCROLLS	ACCUSING
WRITING	MURMURS	DIVINITY
NEST	FARSEEING	WITCHFOLKS

Puzzle # 47

CONJURER	GORGONS	SORCERY
HEROTALES	DEMON	SHAPESHIFTER
ADEPTNESS	WITCHFINDER	FOLKTALE
NYBIA	UNSEEABLE	PETRONELLA
ACUITY	MAGICOLOGIST	PIONEERS
SNOWWHITE	COMPELLING	MERWYN
MAGNETIC	HEXMASTER	MYSTICLANDS
HORSE	CHIMAERA	SORROWMENT

Puzzle # 48

```
R N Z A Q T I A S O L I T A R Y H O M E S X T
F C R W X H X V G U N X N Z S C V A Y O M T L
H P B I D G G B H H H F X H N Y G N B K C O T
C R T S O I Y W F I O C A T X I M F M B U S Y
T N G D M F E S O W M R E V C J S B S Z O G Z
I W D O O L T W R O B G A A V R O W O D N A M
R E C M V L H V E E C O L O I Z U F J L R G N
D Y O E O E G I S O T M T X A C P M T M O D Z
L L J B I P U E T V A A I A S N N N W Z S G Z
E E B X N S A W V R T L X Z S U I Z H S D Z Y
G G R J C L R A K L E E E W G M F P A Q M O B
T E P I C A D V E N T U R E S Z E C S Q Y S G
Z N O I T I D U R E O M S I O R E H R G F O I
X S M O T N A H P S H R S A G A S O F Y O R E
W M X H Z E R O L Q T I B A P U I N T O P I A
G T R A N S C R I P T S R I E X E C U T I O N
Y B I K F Y E U D B L J E B T U X Z H X P M T
N O I T I U T N I U Z Q U U I S L U Q J L O A
```

LORE	ORBITS	SYMBOLOGY
TRANSCRIPTS	INTUITION	EPICADVENTURES
DRAUGHT	SAGASOFYORE	ELDRITCH
SPELLFIGHT	HEROISM	EXECUTION
PHANTOM	ELIXIRS	AGHORA
LEGENS	SPIN	UINTOPIA
MAGICALMARK	FOREST	WISDOM
SOLITARYHOMES	ERUDITION	DOMOVOI

Puzzle # 49

```
P Y V I J S X S D V B N C X D W W J D E S R Q
J F F H J T L E D S V N J J K A C X E L P A G
O E Y D Y O W I O O P I Z Y C R R W M C W M N
U Y N E E U Q D P R K B L X S V J K O R I V I
R I P H B X F U X C E O S A O T K Y N I C Q H
N M X A R X F T U E S R C K E T Q Q B C C I C
E K Q N T G I S T R U Y C N C R K C O E A G A
Y F W D J C A J Z E O A V O O O N Z U N M F E
S Z V W S F D P B R M T F A N E L U N O K D T
Y P U A V D N U O B E N U R W F O R D T N G R
U S N V Y D T T U Q U T L D O H E M A S B T K
U N B I R N A W P F R X L I O K J S F W A S K
Z E Z N O H B E S C J W G D K G S H S P R D T
B G M G M T L S A D O M O V O I R Y H I M W I
L E K U E B A E R C A P T I V A T I N G O O Z
L L W R M A Y V G R E H P I C J P P M K H N T
G M Y F Q N G Q D X Q N N U S Q F R C A R R W
K L V Q I B I U C S P I R I T T R A P P E D O
```

SORCERER	RUNE-BOUND	CIPHER
STUDIES	UNREAL	WICCA
MEMORY	CONFESSION	DARK
SPIRITTRAPPED	WARLOCKS	LEGENS
HANDWAVING	QUEENY	GRASP
STONECIRCLE	TEACHING	ROBIN
CAPTIVATING	MOUSE	JOURNEYS
OIL	DEMON-BOUND	DOMOVOI

Puzzle # 50

```
P E Y S V V J Q I J I H Z B N K A R Z K U H H
G B O E P O U V X H X S O V C O Y X P U E V J
M I M A S I F J X I J I X K Q R C X A N A U H
O O Q N J H A A O D S R S R K V R N G X V M O
D N K C X D E A M E U U E O O S A E F R A E W
S K H E G L L X C S T O C D Q J Y Z K O T I T
I T H R N W O A W J X L R N F U R Y W N A A T
W V K I R C R E D L E F E E J P F V T X R E D
C K M V P S E T A H F J C R R H K N N B L E M
I B O E S X N P T L E P Y A H C C D G F M C L
T A T R V L A E R E H T E T I J A D I R E C T
S E N S U Z A R T H U R I A N S L M A Q B A U
Y Q Q T D E X E V K T W N G B Z B H Q V S D N
M C D S I E B C L E B S E L A T C I G A M U F
D D A X U Q S L X N S Q N Z X J H T Y B L C A
P F Q P Q G U B E S P E L L I N G I Y G G O F
O Y P P E P W I E P T Q L H O M E P L A C E I
O S H A N R Z E T V U U J N D P R F H S I W N
```

ETHEREAL	SECRECY	FAELORE
MAGICTALES	CAPER	SEANCE
FOGGY	ANTIQUIT	HIDES
BESPELLING	WISH	ENDOR
FLOURISH	HENGE	DIRECT
AVATAR	TARE	RIVERS
VEXED	ARTHURIANS	CHARMED
BLACKFRYAR	MYSTICWISDOM	HOMEPLACE

Puzzle # 51

```
Y G D L D I O D A Y F L I C K E R I N G C S T
O C M T X J S O X R Q M G O W N L N U P C M Z
F Y C U J I W L I K L S X M B R H O D A B C A
G G A J S H N Y R K N O I T A N R A C N I E R
G Q R A P O S Z T I B O R Y X T R A U G U R Y
T T E X M Z E Z A T R F O E K I N O I B D H X
L D O T Q V P V L H V T W Y S S H A D O W Y D
E J I M C H A L L E N G E N W R A I T H S V M
G S I N H A H B E G S T R O N G H O L D R C A
Q Z R K S R S A B I O N O G A F R A N S F Z O
B Q E E F R U H L G C Z E B V G Q B P X V N S
D J E T H V E D X I N M D B U G O G K P D I N
T E P A S T X T H Y V M Y S T I F Y I N G S T
P L N K S S A C N H E T A C E H E X X I C W T
Z C Y R J V Y E S I U G S I D Y R E H C T I W
G Z G L O S L P F I W T C J L S A G A V X H F
T W S Q P D C O G C M S U F Q Z P Y T O D O S
N E Z V K Y A R E L L E T E N U T R O F E V L
```

DISGUISE	HECATE	PSYCHIC
RHODA	SHADOWY	FORTUNETELLER
SAGA	REINCARNATION	LORES
BELLATRIX	MYSTIFYING	WINTERS
FLICKERING	FEATHERS	WRAITHS
KITH	CHALLENGE	SHAPES
STRONGHOLD	GOWN	WITCHERY
ADORNED	AUGURY	SNARFAGON

Puzzle # 52

```
B L W U R A D J I G G A X T T Q K R T C M L S
H T O T D S N G S B S P V S P B Y G B O Q I R
K Z R Z L T M O L R H M W O M T U U K U J K E
S E H M R X R K T O L A U S S A B E U S L Q E
M O T E O E W Q Y O E V Q I S C R H Z I S U T
A W G M W T E S Z M U S M X F S M G H N J K E
Z K K O R T I K W S D S I W Q I V E A S B X L
Y S G R E N R L Q T T E I D B I B K A R K R H
N R M Y D E D O U I I L L V W L I D H C E P P
F M I O N I I F U C R R L J F O L I A G E T M
F A Q T U C N H Q K I A U X P Y E L I X E Z A
I S J G U N G C Q O P E M O K Y Y H Z Y A S P
J K I V C A S T V M S F I J R W X Q W D A B J
S C N L U D L I V K S O N E E N E H X Y E Z C
Q F N V L O C W O U E O A S B J L D Q N F S W
W F V F Z U R O P R E F T T R A N S C E N D L
Y S Q U N U N G Y D Z Q E P P E V I S U L E C
R E S F A R S E E I N G D K N U S G I D W U A
```

RITUAL	SPIRITDUEL	FAERY
BROOMSTICK	MEMORY	UNDERWORLD
PAMPHLETEER	MARGARET	ELUSIVE
FEARLESSVAMP	MISTY	EXILE
JINN	MASK	THROW
WEIRDINGS	ANCIENTTEXTS	COUSINS
ILLUMINATED	FOLIAGE	TRANSCEND
NOOK	FARSEEING	WITCHFOLKS

Puzzle # 53

```
V Q N W N D Z C U E L U S I V E D J T R P W G
H O W A F P F C I Q Z F E K L T U S S D J M X
S U K H R H M M P N H I L A A V D R R I N K S
M X H E E R P X M A W I T Z P I L C E V Z G U
W C V N H Z A G J R T N A S U A E E V I Y S J
N B W O C Q I T E A E X O Q D W Y X A N H E K
D U N I T A U L O D R A L O H C S E E I A X P
F B I M I F I E N R C I T O X E G Y W T N E O
O B R R W C L E S L S C E G W C T M L I C H W
W L Y E E Y C L T T Z I B C R E R S L E I F W
Y E R H B S V F F Z S N N O S Y I S E S E L O
Y D E W N O U K J G T L L E M F C C P D N E W
G F E A A F F L I C T E D G S N K B S O T R G
J T R E V O C A T I O N S U P S E W Z M T U G
J T N T X F N N O C N H H V L L R M F O E T J
A T R I C K E R Y C T I K L L Q F P K V X R C
L Y C A N T H R O P E Z X K C X G R O O T O G
S O R C R Y A W R I A T S Z F G U X H I S T O
```

RELIC	DIVINITIES	POWWOW
LYCANTHROPE	BUBBLED	AFFLICTED
EXOTIC	TORTURE	TRICKERY
DUDLEY	TRANSCENDENTAL	SCHOLAR
ELUSIVE	HERMIONE	EVOCATIONS
TRICKER	ANCIENTTEXTS	NARRATORSINESS
STAIRWAY	BEWITCHER	QUESTS
SPELLWEAVERS	HEXES	DOMOVOI

Puzzle # 54

```
G W W N B C I M P I Y E A N K X S O F U R D I
O B S F S S T M S F K K L R D N S B N O W D J
C R D K P Q C N C H D P I L N G R M X D N I M
V J A W I G E I X G A B M P O V I J E R F A E
C L O O R L Y X P N D D Q X R R L A T S Y R C
W S R X I E Z Q P E P N O E B I T B O T I S R
U E S M T V M M J M L P I W G Y M J O P B A J
R M S P S L Z R S Z K A H S W Y H A L X T F V
S U O I R E T S Y M F C M Q I E C Y L T Y L O
B T R D N U O B L L E P S I O I A R R R Y N P
K S C O G Y X T C J B M L F R U S V E C U B R
C O K T G Y G C Q S E W Y X D P K I E M L D T
C C S X W R D E M O O D H R E X G L Z R G H D
M H T E R M A W F G E H R L E D M R P F T X F
G Q E Z O L R F E A V M L I G D R Z O Q I Y N
K X G F B H H M D E G A M I R G L I P V L T K
B B E O U A S Q H R U N S I I Z H E V W E J U
N I R E H T Y L S W A T H A C K E R Y E Z D V
```

SPELL	MERCY	MYSTERIOUS
THACKERYE	CRYSTAL	OTIS
FAE	RUDD	PRIMAL
CROSSROADS	SPIRITS	RAT
SHADOWWEAVER	COSTUMES	RUNS
SLYTHERIN	PILGRIMAGED	ELDERY
DOOMED	GROVE	SPELL-BOUND
SHOES	PRIMALEPICS	TROLL

Puzzle # 55

```
H H G M H Z L C S Z G L U Y U H T M R J I A P
N D B K V H K L L Q O U H U X B M A F E Q J T
V R T S I L A U T I R A W H I S P E R I N G B
X U O M M A S K E D R C O I U M H R T I Y G P
P N V H N U V W F E S G N I L F L A H E R A K
R I Z R E E O K G U H A N Y M A H U H W D D V
C C N C E L G T M G L P J G E E I J O I N T S
Y S V Y L O A V S O O C K O R R P R Q I E W P
E C L I A G R Y A F O B I L M Y B Z Q R G Z I
K R W T R C N I R X F N Y O A Q S F O U E B H
N I K V H U E I D U T S S R I U X H M F L U S
O P Q R G S N A T D J H I T D E J F H A T N M
M T A Q X M W E L S L B N S O E V A C T A B U
H Y S T E R I A W H E E O A J N C I E R U I I
B G R E M R A H C O Z U R G R W E G R M R F D
O G L U D V K L B D R G Q U R D Y A Z C S Z E
G R Y P H O N H W C G D K Y K X T F E O U A M
D V O M Q M G N I T N A H C L E O R X D Q C H
```

LEGENDRY	QUESTING	HALFLINGS
MERMAID	NARRATE	GRYPHON
CHANTING	HYSTERIA	RIDDLER
CHARMER	MASKED	MEDIUMSHIP
WHISPERING	WILLOW	RITUALIST
MOONSTONE	ASTROLOGY	HARE
RUNICSCRIPT	GOAT	RUNEWORD
MONKEY	JOINTS	FAERYQUEEN

Puzzle # 56

```
O W H S U O N G K I L A B V D E D U O R H S T
X F G M I G R Q V P R S S E N K C I S M J P H
K P S Y Z I Q Y I R V I B X W S E I G R E N E
M U N G M M S K M C L S A O Q I N S P I R E D
S Q O O M H R R R H S V Q L T G Z U I E G C V
K M I K T E E U X E V H T R C T Y A J M A U Z
O R S U D R H M L T N E R U O L F I R I M B N
E S L B U O C T R E W O P N I A R B E D Q Z U
G T U J X T S C P B V M U U T E X Z F C R S A
O O V K T A U O F S I R V N R D D B G C V Y H
O R N B H L E P A C J E A A E G X L E G N A C
D Y O G Z E T Y M U N C Z Y T N O I T S A B E
W T C J I S H D K O N I R A A I Q L H B F Z R
I E M A P J G Y M I T A I Y I C S R D W V P P
T L S X J T I S S T X E T T N E I C N A T V E
C L Y W T E L A V Z P U I U I H L Z J C V G L
H E X B J A B R R O D N A S N J S M F Q B S P
U R I N S C R I P T I O N S G S F I J H J X V
```

ANGEL	BASTION	GRIMOIRE
HEROTALES	MURKY	CONVULSIONS
INCANT	FLOURENT	SHROUDED
GOODWITCH	INSCRIPTIONS	STORYTELLER
ANCIENTTEXTS	LAIR	ENERGIES
RETAINING	BRAINPOWER	LEPRECHAUN
INSPIRED	BLIGHT	WIZARDRY
SICKNESS	GHASTLESS	VENOMS

PUZZLEWHIZ **Themed Word Search Puzzles: Issue 18**

Puzzle # 57

```
E M F F T P W E Y T I L A U T I R I P S W G H
R B Y L Q Q R F T R A U M A S C R E W E R D P
A Y D F E P Y E K K P B X B G M J F Y E X Y R
U O S V W B S R O M U L E S U F S B T S U S E
K Y I I Q G I L A R P Z U N D E R L I N G E D
F A C E R T N G R M D M E D I U M S H I P H I
T C K P H D I O C M N A H I D E A W A Y E P C
A U S Q K F W Z M T L P I U Z S W H N F G O T
G C R E D N I B L L E P S N N Q O G M Z H R I
L A C I G A M S E Z G Q E K E R H L M V L P O
S E I G O O W G M Q E V E T G D N K V C Y N N
Q M X J B X A A Z W N U S K C A L B X I I T S
J S F I I C S J X M D C A P T I V A T I N G N
A V A P Y L A B I G R C V J A T B N T U J G U
H N Y N R E C X M M Y O Y F B F L A P Q W U Q
V R S T I C R Y S P Q S P N Z D E A C I W S Y
P U I X A T E E P T S W O R N M E D I U M M W
W A T Y L P D S L L E P S U E L F E X V V J R
```

MEDIUM	BLACKSUN	PREORDAINED
LEGENDRY	SWORN	SPELLS
LEGACY	BURROW	MAGI
SPIRITUALITY	HIDEAWAY	MEDIUMSHIP
CAPTIVATING	PROPHESY	UNDERLING
WICCA	MAGICAL	PREDICTIONS
WOOGIES	SACRED	LAIR
SPELLBINDER	SOLVING	TRAUMASCREWER

Puzzle # 58

```
M P T E L U M A Y E T A R R A N U G P O V Q C
E A S B N F F S T X P K P S I O W E U G H Z E
Y J G Z K Q F C I M K L E W I C H S L O R E S
Z C I H C Y S P E P E L X B S H M T G K G L W
R M G R O V E S D A A X T Z J G V U M D Y V T
T Q W A C G N T V T B M A O G W F R O C S S S
Y A C T E S P E L L B O U N D H J E A N B P N
Q E E W E K M L W G F J E A X M V N F M I M C
D S D T K E E W E N F Y C N A M O R C E N S Q
X S P T N P S T L O A T L E O O G N I X E H V
V K R T S L J I A I T S U S L B I S B O G S N
R Y E W K A X L T S S X K X T H H E N N D O N
Q H D L I N H R E U J Q Y C K J Z S R K S L V
E J I J A E U A L L V I O G E Y C C I F E V H
O X C R L T P T D L S T S O H G F Z E W B I A
U A T O X A S S D I M B M Z E D C T U Y W N B
C K O O V R X G I E C N A D W O D A H S B G K
U S R H F Y Y K R S D R O C E R T N E I C N A
```

ILLUSION	STARLIT	AMULET
SOLVING	STAFF	PREDICTOR
NECROMANCY	LEAVEMENT	HEXING
SPELL-BOUND	PSYCHIC	LYCAN
NARRATE	ANCIENTRECORDS	LORES
SPELL-TALES	SHADOWDANCE	WISHBONE
DEITY	GHOSTS	GESTURE
GROVES	PLANETARY	RIDDLETALE

Puzzle # 59

```
N F Z E S R O H U B I S U P E R S T I T I O N
E A J L M A Q G V A R E L L E T Y R O T S E M
V E W G M S D A W T N E X U M M Y T U G A U X
A D Y N T Q P W S H O M E P L A C E R Y N E Q
H G X I Y O S P V U M V N L L P E O T N X I N
S S F K R K B F R I T U A L I S T G G S R N I
E F D O W W R L F U W Z A G N N P N I E A S S
H X U V Z T E F G M R I J O A C J U I D N C R
C S F E H T H L T A R P Z I K S Y N Q U J R E
T H R M O Y A E Y J D F R A V G C R A E A I D
I Z U R W P R T N E Q U C O R A R H G S U P R
W N Y X Y P F F L B H C V Z R D C U E N U T O
P B K L R X L E K T B C L N B E C W W E Y I S
O C E E D I V S R E C V A I R D M R O S A O I
L H T P C A E A O E Z T Z P M B Z S A L C N D
F N F K R D I N S P I R E D Y R R A T F L S P
I D J T M B Z K C O W L Z C V S J M L P T I K
Z Q V X O G B X N M M C M B R A I S E D N Z W
```

SUPERSTITION	TRAVELED	TARRY
WIZARDCRAFT	VAPOROUS	HERBS
RITUALIST	DISORDERS	FLICK
REINCARNATION	CAST	WITCHESHAVEN
EVOKING	ARTHURIAN	RAISED
WILLOW	INSCRIPTIONS	HORSE
INTERPRET	STORYTELLER	INSPIRED
HOMEPLACE	SENSE	LEPRECHAUN

Puzzle # 60

Y F E U Z Z M X M H P B E M P G C P N D S G S
E G N A H C R E T N I O I S Y I P D H E R O P
K D N X A K L D E R C A S S X S O P V U E H E
R P K M T I I E M E R C Y P E Z T N F X R J L
X P J I X G K F E P M R O V L Z I E Z M W L L
R L I I M Y H A S R E P S I H W A W F E N H C
S T R V A C P M X N T T M D Z L B T P Y R I A
R S K E R S R I A A O E H N T V S I Y T I S S
O P E L P E S L V A N P R R P K A T B L J N T
R V Z B T V C I D X H G P C O V N T G C O E G
R K H P E X H A S K S G O V A W V O H R H H Y
O F E S T S O R R O W M E N T S U S R E W O P
H C X G Q S X S E A X I H H M L A S O D B C P
S J O N H B S Z S G N I N E V E X N O N N J J
M B O F S E L A T Y R E A F E T I H W W O N S
K B L A C K C A T S O J U Y G O J D H Z T V D
P D K I S H O B G O B L I N I Q E E C K T T T
D M A D L E B B N R A S E L A T L L E P S Y R

SCEPTER	HOLYTALES	FAMILIARS
INTERCHANGE	HERO	SPELL-TALES
SACRED	MERCY	MYSTIFYING
ELIXIRS	BELDAM	SNOWWHITE
WHISPERS	SACRETREE	THROW
BLACKCATS	POWERS	FAERYTALES
PIONEERS	EVENINGS	SPELLCAST
HOBGOBLIN	HORRORS	SORROWMENT

Puzzle # 61

```
O G P S P E L L C U R S E D Q H T S P S Y U T
K Y E G Z E I F P G J G Y K E M U G C T H S W
L B V X V R K P A Y O M L E E C N A R T P A J
U W A C J I U I N K G E D Z F M P A I N T E D
V Y W L N Y R B C M A W L Y X I E M S Y Q Q R
X C L U E C Z J I O E T R A K Y X O A H W Y P
R A L O H C S S E V H I O F M O Q M C B T N N
N E E K X O X U N I T T W X S S K E I S E Y T
H W P K H S Z S T E R U R C I T N O R S L S M
E I S C X A K P R S O B E O C S G J C A B L E
Q J P I G A S E E B D A H V I I C M E N A A T
V H P L B E G C C Y W Q T K T L O R Y U R N J
V M X E D L J T O H Q B O E T A N D A X A R H
E H A R E X G L R C A E L M I Y Q K J T P U J
I Y E N R U O J D N J R U B W O L U W E S O F
E S S V M O I E S S U A M Q W L T D D W Q J Y
J W N U Z I N V T B M M D E S T I N Y H D U T
O S G H A L L A H S A M R W R E M S O I R Q P
```

RELIC	JOURNALS	DESTINY
ANCIENTRECORDS	TRANCE	MYTHS
OTHERWORLDLY	SUSPECT	PARABLE
CIRCE	MASHALLAH	TITUBA
SPELLWAVE	CHARMER	STAR
SCHOLAR	WITTICISM	DORTHEAG
PAINTED	MOVIES	JOURNEY
LOYALISTS	SPELL-CURSED	GLEN

Puzzle # 62

```
Q Y S R O E Y V J R Y H C F A E L O R E T N Y
T O R E C F D H T N B O A R E A P E R E S S O
L Q O G Y C E F J U M M S U N S E T S F R Q X
F D T D D X D I J P H E E R O L C I D I U R D
K C A A Q Y O S R T C P P J T A S M H P E P P
C N T B Y G O E W V Q L Z W H L T S B W B O L
Z I N Z J F H I Q Y Y A M X I L A F Z P Z H Y
B L A H P E L A P Y C C N R R E R B L F Y X W
R O C E N D K E I F Z E Y R D G G A E B B A W
A Z N S W O U A K T Y K J J E O A N W W N F S
Z P I O A N K K P D Q V M J Y R Z S Y W O X G
B O O S N O I T A C O V N I E Y E H Q Q L N R
N D D W L X K R O W Y G R E N E R E Q T I A U
L J L T Y E M E S G N I L F L A H E A K N L P
K C A P T I V A T I N G K Y R E C R O S D E X
K Z N V L V F L X T B V S P Q U R V E E R I E
O I E M B Q A M A N C I E N T T E X T S S C X
O F A B G M Y S T I C I S M A R N M Q G F I Q
```

SORCERY	COMPREHENSION	MYSTICISM
CAPTIVATING	THIRDEYE	DRUIDICLORE
FAELORE	INVOCATIONS	EERIE
BANSHEE	HALFLINGS	INCANTATORS
ALLEGORY	REAPERESS	HOODED
BADGER	EVOKING	WILDWOOD
ANCIENTTEXTS	SUNSETS	STARGAZER
REALMS	ENERGYWORK	HOMEPLACE

Puzzle # 63

```
D O Z X I T L W Q Y W C Z S W U Z U T O G A I
W S V V A R I T U A L I S T H C I R C L E T M
B E D K I J O U R N E Y E R Y A O I N Q D L A
K C A N E D I M S O B F E B D Z R S R L M U G
U L J D R O H B M S J S M N R N B K J J D S I
V A E L E M E N T A L S S N A R F A G O N N N
K E N K C O O L U N S R U A S K L M Z W F O A
F R Y F V V Y J B Y C P C Z B O S C Q Q H C R
O N M V B O T C R U I S X C U R S I N G T K I
R U P R Z I I G A Y E O R V D F E O T U L U U
A P H L J G U V O N N E K A C W Q X T O K N M
Y Q E Q H Y C C T A C A G Z A L T U I T I O N
G U L M T V A A Q Z E G I T I M E T R A V E L
D R S G N I K N U D E F I Q Y V M Y H X J K Q
X H V R Q D E H E R B A L I S T E W L X V I H
E L C A R O U I S T Y I B P H L X E E I H R U
U Q F J Q I D Y P V D R W L L T J Z J E N N T
J O I U J L K Q M I M J K F S M S Y Q J D E D
```

ORACLE	JOURNEYER	CURSING
HYDRAS	TIMETRAVEL	ELEMENTALS
IMAGINARIUM	DUEL	UNREAL
NYMPH	ZANY	DUNKINGS
DAGGERS	HERBALIST	RITUALIST
CIRCLE	ACUITY	LEYLINE
SCIENCE	CANE	TUITION
DOMOVOI	CONSULT	SNARFAGON

Puzzle # 64

```
F J S W Z D V F X M H A H Q S B W Z S R O D Z
I I N V O C A T I O N V F N B R G B A X E H K
O D Q G J S E L B A R A P Y B N E N L D G V G
K Z S P E L L B I N D C J Y B L U H I V Z Y V
D U K E F U T C X Y M Y E K B L H U P C U M G
I E C A L P E M O H T O N I C S G E B I K F L
R Y H F L O W A M L L X P E N C H A N T C H M
L T Z U N I L R E M W S E S E X I X B W X Z X
T S I B N S T I R I P S S R N Z S Z Y I U D L
C I L N Q U I C K W I T S B Y I W X P Z I I Y
U M S E I R O T S L A M I R P P O D G A T M E
N S K G H E A L I N G S N O I D I M A R Y P D
J N O R D L U A C Y X S U M T Z W B O D G C L
V S E I R C R A W W S B M B H L A D S B D J S
Z N T G L B V I D C K C K O W J L W F A I B U
X P M M Q C T I T A N S V D N G F U K N T T L
C H A R M B R A C E L E T D V E D E G D D S U
H Z Q L B O G N V H Y C X H U U V Z Z E W W Q
```

INVOCATION	WIZARDBAND	CAULDRON
PARABLES	ENCHANT	PRIMALSTORIES
CHARMBRACELET	HEALING	WARCRIES
MERLIN	TITANS	PYREX
SPIRITS	SPELLBIND	MISTY
WOLF	GUIDED	TONICS
CIPHERS	HOMEPLACE	LUNAR
PYRAMIDIONS	QUICK-WITS	VENOMS

Puzzle # 65

```
R R C X S I B B D A D U D R F V E N A R T O Z
S Y D V T R O V E A C P R I M A L E P I C S I
E F G S R Y V X T Q W U U H Z S P O T I O N I
E N P F A F L S A M I H I W C I D H A U I F P
W I G E K S O V O L T J D T M C A T L Y N S J
N Y N R R F A I G P C J I U Y K G G L Q O U M
A S D R A G O N E T H O C X B N J F E I L E B
M Z S Y D V T E P X D V L S F E S T G Y O N D
O P B T Z Q E G A C O Y O M X S G Q O W U G E
W A M J K F O L C W C L R U Q S P N R M R Z H
E I D S U X K C S W T T E M V X G Y Y Y Y N T
N M E L C R I C E N O T S F C T W I L I G H T
I X B P X Y R R A T R I N C A N T A T I O N O
C W Q M K Z G G I O L A C I N A T I R U P R O
I K D C G N D E D U O R H S M C Q Y E V R Q Z
D T F R T F K C N I R E H T Y L S C W J O L K
E I M A P S H A D O W D A N C E Q X K H K D P
M J Y T S S E N E V I T P E C R E P O L Y Z Z
```

INCANTATION	ACUITY	POTION
DRUIDICLORE	TARRY	PRIMALEPICS
DRAGON	DARKARTS	ALLEGORY
MEDICINEWOMAN	SHROUDED	PURITANICAL
SHADOWDANCE	SCAPEGOATED	WITCHDOCTOR
TWILIGHT	BELIEF	STONECIRCLE
SPIN	RAT	ENGRAVE
SLYTHERIN	PERCEPTIVENESS	SICKNESS

Puzzle # 66

```
Z J A Z W L G Y B M D D P L N U S H O E S N V
O D W I T T I C I S M D P B S E M Y T H O S H
O G L J G W D N D V U Q Z D N D X S Z N L O X
T G N D T G S A Y P S V W I R D D E L H I I Y
N R C P Q P M M O D T F G S O N E R E E L I Q
R U A J P N F O J N R M D N C E G U C X Q I G
U R H Z E R E R Q U A E D G I W A T O A X V V
T I E D D H L C G S K C R G N P S A M G Z B V
E W T E Q U E E N Y R W E C U Z S E P R K N P
R I L Z T H H N V G A A A J N R A R E A D K Y
C T O Q A E W G F S D G M C Y J P C L M S H G
D T Y I R O L V T S G M S V R A A C L H B L X
O I P L B O C H S E F F C S F V W J I I P P A
P N C C E A Z V P J R S A Q S Z V Y N T E G J
O E U Y L E V I L M G S P D K T C I G N O C O
X S X D L G B A S Y A I E T N A H C N E W X P
T S B X A K C M G J T P A O Z U V I H M L R E
J R E V I E W E R Y Q T V T U M M X V O G G Y
```

NECROMANCY	DAMNED	OMEN
UNICORNS	ENCHANT	DARKARTS
EXOTIC	REVIEWER	DREAMSCAPE
ARBELLA	MYTHOS	RETURNTOOZ
PAMPHLETEER	QUEENY	ENIGMAS
HEXAGRAM	WITTINESS	LIVELY
WITTICISM	CREATURES	COMPELLING
PASSAGED	WAY	SHOES

Puzzle # 67

```
M Y A E V S R E N O S I R P M I S I H V Z I N
J N A I R E M U S X C I H T A P E L E T J K S
T G G Z E J X R Z A G D P P Z I A O M N U P O
M V V E H O L E S J C C Q K H K N X O C C E T
B Z B Z P S Z H P Z Z E N D O R C X V S R C H
T H A M O E K C V S T X K N O C I O I E I N E
X X B M S P V T I P Z E S S I M E X E V E N R
N V Y U O H Q I X W V H H T T P N P S O U P W
F O L R L I O W S C A P E G O A T E D R G R O
N P O M I N N E Q S L H C M C T Q J Y G U Y R
K G N U H E K B C I P X I X S C M R T H I A L
O X I R P H C F C O B K B E X I J N U B L T D
O E A S F L I U R F S J J H I G C Q O L D B L
X U J E N U Z P O O I T N X F I A R E U D G Y
E B O O K O F L I F E O U I L H Y G O T S X S
S E T I R Y T I N I V I D M Y U O U U X M D Z
P E Q N Y O P F O L K L O R E R R C V X E Z A
J M F Z M A S H E X E R M M Y S L K V X G Q T
```

HEX	IMPRISONERS	FOLKLORE
SCAPEGOATED	TELEPATHIC	ENDOR
OTHERWORLDLY	PHILOSOPHER	ALLEGORY
BOOKOFLIFE	DIVINITYRITES	JOSEPHINE
PROPHETIC	MOVIES	HEXER
COSTUMES	ANCIENT	GUILD
BABYLONIA	MURMURS	SUMERIAN
GROVES	EXORCISM	BEWITCHER

Puzzle # 68

```
O T K B J L Q N E D D I H M S G Z T Y S T E C
W S X J L O U Y H M L N C T F S E A A Y D B I
Y Y O C N X T R X V S G G B A T L H W T I I D
I O C Z X I N E M G N A H E E T V L S I V Y I
Q W I X R S N O I D I M A R Y P E H L C I A V
C L O A K E D E R T V Q A I I U S F L A N M I
Q W L D L R O W R E D N U N N B L K E G A T N
Y C F U S L Q Q B K T T F U Q O E H P A T V E
R O A Y O L G B J G X L S H S F H N S S I U R
U L E O R I G J N F I C O M N Q K D C G O Z L
G C R V C K U N K C N X S M A C B E T H N L O
U G Y A E B E V T C R D S A I N T S L I A H R
A Z T F R K O I H B E B S Z R L U W X D G N E
V W A X Y P O L T J V N W X U Z I M B G M I T
F B L W G N A U R E A G C S H M R X G R K D X
Y A E F G Z O T L X C M I N T P Y H O U S E P
A M S N D O V A H B X L D Q R U S H R Q Q G O
F O C G H C T F M S Y U L E A R E D L F K D C
```

SORCERY	AUGURY	DIVINATION
UNDERWORLD	HIDDEN	HANGMEN
ENCHANT	SAINTS	TALE
MACBETH	CLOAKED	FAERYTALES
SAGACITY	ARTHURIANS	CLARITY
HOUSE	PATHS	CAVERN
SPELLSWAY	PYRAMIDIONS	DIVINERLORE
HAT	ELVES	INFLICTION

 **Themed Word Search Puzzles: Issue 18**

Puzzle # 69

P B A M W P M H G M Y S T I F Y I N G F W S G
A R O S A L I N A S A X G F J O U R N E Y S B
I I C C A D Z Z P O Z W M G M E K Z D O Q J S
P Y F S S Y E S X Q O A M D O S A B U T I T Z
E B T S A T G P Z X O I M X A T H G U O H T Q
L W S E G S K T P Q T B F M S T O R Y T A L E
L C A L A I O M G A N Y W N L K C J E H B S I
A C L A S L H N B L R N K T E M Q E M C D T D
B G V T O A Z I N V U T P Y R A H C Q N Q E I
L D P D F T S E V H T T G D C F O O U S R H
A J V E Y N W C K L E S E I E I H B K R W U G
T C T W O E E I U Z R K L R R F L U U C C C P
S O E O R M X Z S Q U Z Y Z R I T C T S I D H
Y O V L E F S F Y D E P V F V C P W K T P P N
R P M L T D V D A P O R V E X E C S A T H Q T
C E P A Q I D B C L Q M Y U S F W D X T E J B
P A H H J N C N O T O R I O U S E O Y Q R S N
P T Y C Y P F S Z G O T I M C L Z D R U I D N

DRUID	NOTORIOUS	MENTALIST
PYRE	CIPHER	TITUBA
CRYSTALBALL	NYBIA	MYSTIFYING
RETURNTOOZ	WISDOM	SPIRITTRAPPED
THOUGHT	MACIFICE	JOURNEYS
ROSALINA	CURSED	MASK
HALLOWEDTALES	EVILBONDS	SAGASOFYORE
STORYTALE	CITADEL	CELTICS

Puzzle # 70

```
I C X S B E L L A T A M P O O D W S S Y L V N
T J J H T J R R A N A G R O M I R A B S M J P
W W U Z P I S U Q Q X N V I T E Y C G O F K Z
G W S D A Y B O V R I D O C S T F R F W I E V
G Z X L G F L R C O P H H U I G M E U K P M H
F E F Z S E V G O W T E C N W A N D C L E A R
U U E S O E W E P K S C R M U P J A S C G Q Z
H L Q O N V M B A H A E G I S Q G A T B W P Z
S Z M E C A B N A R D K S X V S F B A P K A O
A E E R H R R V E O I H T E T X W G R Y P J X
C A T Z A G E F M P C O X D U T F V R Q J V F
R D F T F N L X A F I E R A T A V A Y Q F K R
I I D C L E R K M G D M U F B O V Y Z G W N O
F Y M E R E K Y S S O T P I R C S C I N U R N
I B S R D L M S R U J N K R F U C J T S D P A
C Q D I O J H E M Q Y R A N I G A M I I U G M
E E N D A K L Y N I U K R A M L A C I G A M A
A C N H E L G U M T U D F U O U I O E S K R V
```

WAND	ORBITS	IMAGINARY
JUDGE	SACRED	ACCUSER
DIRECT	MORGANA	MIXED
BELLATAMPOO	MAGICALMARK	WITCHESHAVEN
RUNICSCRIPT	AVATAR	ENGRAVE
SACRIFICE	GLYPH	FLAIR
STARRY	MANOR	MODERNITY
SETTLEMENT	CLEAR	SNARFAGON

Puzzle # 71

```
S C B G E A N I A B R I L L U M I N A T E D F
T X J W R I U D W D V S E M G E O F Y W R N B
R T Y Y A Z F R C I S Z D R O W Y C T S K H D
O L A D T B S Z Q F W X R E U V O L I O Q L Y
N K R A O Q R E L B A R A P T J U D E H W N E
G L W L U G X Q T F M A F B Z N N J A V F Q X
H K C A N O I S L A N R E T E K U O L H B T A
O Q M M T B T D G X N R R U R R M A C V O W A
L Y R I C B E P N S T N A I G T K S H Z O I B
D B C Q U M E W F E U F L I C F S E E C K Z L
U Z H M G C N H I O W I C D D A S R T V O A A
L A R T C E P S X T L K U K I R W U J W F R C
W T Z Z R H B S T M C L R O M C O T Z H L D K
A S T R O L O G E R S H S G A H L N Y K I C D
Q U N W S M H Q T J I I E U R C L E Y T F R R
V T C I L F N O C H I U Z D Y T A V P F E A E
F K T U D U E L C Q M Z U P P I G D I A B F S
M S R E T S A C D L I U G R B W O A S K L T S
```

ASTROLOGER	CONJURE	HAUNTED
PARABLE	ETERNALS	PYRAMID
ADVENTURES	CONFLICT	STRONGHOLD
GALLOWS	BLACKDRESS	MALADY
SPECTRAL	EXOTIC	BEWITCHED
GIANTS	TARE	ILLUMINATED
WENDIGO	WIZARDCRAFT	WITCHCRAFT
BOOKOFLIFE	GUILDCASTERS	FERALCURSE

Puzzle # 72

```
K L S N A T I T Z L X R E E G D U J V C G M D
T N E M W O R R O S P O H L N S P H S S L I G
J W N U Q F T E T D H T Z B P N E L E D O P Q
A R E N I V I D E Z O C V W Y O D F G X R D R
M I A T A V L U L T E I I R O I E L A Q Y E V
U S T D B W A W E Y N D V I H T Y Y M G L T N
S H G Q V P Q D K W I E A T A A D H I D N G W
W A X Y D I Z F I E X R C I L L F B D J W H O
M L C C W F S B N F B P H N L L O I W T Z S Y
X S P R T I U E E Z C Y I G E E R V Z S B N O
L B F G E E S O T E R I C A G T T J O I O A J
O B L I F T Q U I P K H A N O S H K P M H C B
C H M O C G R X C E M U Z C R N H C I E P C D
E P I C A D V E N T U R E S Y O N T D H N U I
Z O S T O R Y T E L L E R I H C S I X C O S Y
N H E X C I T I N G A L X F Q E C C V L M I U
O E S W V N D A M U A R T E T K K T G A B N Z
B O Y T N E M L I A E F E S Y Q F U N E B G M
```

DIVINER	PHOENIX	TELEKINETIC
EPICADVENTURES	TITANS	EXCITING
TESTIMONY	ESOTERICA	GLORY
JUDGE	ALLEGORY	ACCUSING
RIDDLER	ALCHEMIST	WRITING
SACRETREE	CONSTELLATIONS	STORYTELLER
ADVISE	TRAUMA	IMAGES
AILMENT	PREDICTOR	SORROWMENT

Puzzle # 73

```
S S N V W I Z A R D C R A F T D A J L S Z V L
P S D C X I N M Y T I N I V I D H G R R V T U
E E D M H H H O R M Z I C R A F T C E S S Q
Y L A K T F N D J A F X E K E S D O G D E I M
T T T H G I S E R O F Q A X J A R Q T N T M B
C S D R H T C D U V R O C P S C M X M I I E E
L A H E Q V D H J C L F I D R R D Z L B R H F
A H G R S E H G J C A Q T R E I B W W L P C R
P G X U C D I M O R C I E Z T F H I G L S L I
O O J D E K Z A M N I I N C S I W C Q E K A E
J C G I M V K E L U F C G G A C E G U P R Y N
P X C T U A R Z J X L T A S C I H A G S E R D
B J N I L G A V F O A S M C Y A F A A K C E W
X L I O A I E L A D F I X L K L G B N X S S Q
Q C Z N T D I K T B G Z K D S Z F O B T P K X
A W C L E L E L J A V D A M S L M C Z T I I H
Z L O X D D C A O V R R F I G N I T I R W N X
F Y A W S L L E P S K F O G G Y X D T N O G G
```

EMULATED	CLOAK	FORESIGHT
ALCHEMIST	BEFRIEND	FOGGY
MAGNETIC	CRAFT	SPRITES
SPELLBINDERS	SPELLSWAY	SKYCASTERS
CHANTING	WRITING	GHASTLESS
ALTAR	CLOAKED	DIVINITY
WIZARDCRAFT	MONKEY	DARK
ERUDITION	FARMER	SACRIFICIAL

Puzzle # 74

```
F R U H H F H G W R N E I T H E R T W I Q Q E
C A E R P H I L O S O P H E R R Y C D V Z X W
O O Q K S M R A H C G E N C H A N T R E S S D
N M E Q A G I Y X O T O T S N A L S G H Q G J
F X L F O E B I G O Z E A E D Q I R O I J F R
E A C C C R P V Q Q L I R C I S O P G D D M W
S X R E K X B S O U I R N R V R K F V F S S I
S C I L S G I I M I G A K E I F I J R I P E Z
I M C E R S A A T R P A F T N N L B T E D K A
O C C S U C Q S D I A G R E I Y W O L O S A R
N G I T M I U G P O N H J D T A G L J E R M D
E P G I R N W X U N S G C I Y R C T I T C I S
R B A A U O M L X U T C R R E A E R H R P C H
T T M L M T J N N I J A T D S X O U X W M G E
C A S T I N G S A W L B W T F T R F P O X Y X
E N I H P E S O J C B Y E P S I J D J A N M W
E I T J V C O B K V W R F W A V L O W X O X B
Q T R B V E Z Q T W S J K N P B R C R A D Q O
```

AMULET	CHARMSPEAKER	ERGOTISM
DIVINITY	MAGICCIRCLE	TONICS
JOSEPHINE	WIZARDSHEX	JINN
CELESTIAL	STORIES	PHILOSOPHER
ORBITING	CHARMS	MURMURS
NEITHERTWI	CONFESSIONER	CASTINGS
ENCHANTRESS	OIL	ARTHURIAN
CLARITY	SECRETED	SPELLCASTERS

PUZZLEWHIZ Themed Word Search Puzzles: Issue 18

Puzzle # 75

```
P O Z D Y Z B A N S H E E E N S X J X P I D K
O X C X R E T T E S E N O B U P U D P E X N A
S E S C T R O F D R A Z I W N P A U L L B A I
R P A O U Z D I R E C T N S W D K G J C V R Q
E G G N Q L S E H L C I F P I U R E M A I B U
R P A D E P T N E S S Q R O T C Z U Z R I E N
O Y S P U J Q I C O N S U L T U A H I O N R C
S Y O Q Y E W W S D Y M F C I H D C F D F I X
N T P H V R X Z S M D J Y Y N V I H X G S F C
O N U S H A P E S H I F T C G E R M U F W B L
R W I Q L R E S A N D E R S O N K W H S G A E
D G F O R E S I G H T E D H Q R F B M Y B S I
L P E H A T B K R O W L L E P S P K A Y U G H
U E U B E S E I R E C R O S Z Q B R R O B R S
A U D X K L A S R E N O M M U S F I M Z V F E
C N T G L K I H N L R A P K B T B N K Q Z X E H
R S O Z A D K T E X E D B B F T K G N U W M U
L E J Q M R H R A A V A I V H O N P N I Z O D
```

ORACLE	SAGAS	OCCULTISM
SPELLWORK	ADEPTNESS	WIZARDFORT
SHAPESHIFT	FIREBRAND	LABYRINTH
BONESETTER	UNWITTING	SANDERSON
DIRECT	EDGAR	CONSULT
BANSHEEENS	FORESIGHTED	MOUSE
SORCERIES	SUMMONERS	TEXTS
DRUIDS	CYCLOPS	CAULDRONSORERS

Puzzle # 76

```
Q G N Y O E S Q M W V C K J W M F D E I R D C
D X J D E T T S L F R W R A M X X E S R V Y V
S X D C S N A O E A E Z X R X L R S U A J E Q
W M L A Z S A X K L C E J M I T U I O W I F N
S A E O J Q U C A C A I O T J T F A H W U Z N
W B I D A M N E D H V T T W A L U R R C A L E
N O F U N W I T T I N G L S P G T A H R R K C
S R L M A O W V J K Z O F A Y I P M L X N B R
M F E B B Y N Y D G K V V L M M R N M S N B O
I K U H G Z E B T P I R C S C I N U R G E C M
M G D E B A L O R T S A E Y D J R G G F D M A
I R G S Y N E C R O T Y P E C L S P Q C K O N
P O N W R W O D N G U M B Z U P V A O Q S Y C
H H I M P E M B D J Q M E V M J T N U N Q O E
Q O T I T N A H C N E K Z I V A C E M S L J R
X X I X K N J E V O K E D D B O S A J K P S S
E N R B S E L A T L U D A B C T A L M A N A C
Y D W H W I Z A R D F O R T S L D G K D P W I
```

ALMANAC	DAMNED	CONCOCT
BEASTS	ENCHANT	PRIMALTALES
MYSTICAL	DUELFIELD	UNWITTING
WIZARDFORT	EVOKED	NECROMANCERS
RAISED	NECROTYPE	WRITING
HOUSE	RUNICSCRIPT	DEN
RITUALS	CANE	ASTROLABE
IMPS	QUESTS	ADULTALES

Puzzle # 77

```
O Q P S T Q T M S O U I Z Q L S E R G O T Q F
E C G Y Q G L U Y O P D X T Q N U H X M S U K
P L C R T E L U M A Q Z Y S V N M P G P I E D
I Y Q U Z N O I S U L L I N E B U D E Z L I Q
C C X W L Q D D S E E R E S S R M W S B L N B
N N K M W T A F N P Z R T N I T I D E S E E Q
I A R Y M M I X G P J O C T Y W X O U N P G N
M M H C Z T L S T E N Q A U Y I N O F H S C H
N O E Y E R A Y M E M N L A T N E M E L E M R
K E N M Q Y M K S A S C S E L A T H C T I W N
O G G P R O P H E S Y I N G O W B R U X A W R
Y L E U V R W Y Y C V X R U Q A W I V M D E N
H I T I S E C A M O U F L A G E D A V M K Y M
M E S S A O K R A K N O S R E D N A S C V T I
Z V N S J W N V V I L N R G A K A P I D U P B
V V E L A P J F Y G F J V X A D E L Z H X X V
X L E M B K V F R H N V O L J A F M O N U N H
S E I R O T S L A M I R P W P D B R T G X G A
```

ILLUSION	OGRES	AMULET
GENIE	ELEMENTAL	PRIMALSTORIES
OCCULTISM	GEOMANCY	TIDES
PURITANS	EPIC	HENGE
VEIL	SANDERSON	CAMOUFLAGED
WITCHTALES	BRUXA	SPELLIST
FLICKER	WEASEL	RUNESTONES
HUT	SEERESS	PROPHESYING

Puzzle # 78

```
R F T E Q I K P U D H O L Y T A L E S O Q F S
J D E C I P H E R I N G V K O Z Q Q L D K O N
A O J A S B Z T B M E I R F J D E D X A J L T
G G N I N R A E L L X T F H Y S A T N A F K F
G O H Q P O S T A F F E V G N D B Z I J X L S
D U R P F F N I S J P M C E M Y O A C N A O U
U S P E L L T A L E S R P I P U B K N V U R T
M K X P H S S E G D I R B N F A L I B G I E E
U A H F E Y R R O S O V R U E I C B A L E U M
J K J L P O T H O R N B U S H M R S W N K L I
F H E P Y A E C N A D W O D A H S C M H I I H
I C R N T U V V C Z B C W Z C S F W A A A E M E
S Z R X H U F N E K V Q E U G A L P L S E L K
Y R H N I J L M I N Q Z Q G L I M Q W R T R I
Q Z L L A H H Q X J N M A K Z E R P C S D K D
P M S G S J Y T I R A L C N S I K Y A M M T X
N S C H O L A R P M A M Z M J Z X C Z Y A N G
Z L P V F B B B K Q K H B Y P Z F X B T C W N E
```

STAFF	HOLYTALES	FOLKLORE
CASTLE	CELESTIAL	SPELL-TALES
ANGEL	PYTHIA	FANTASY
PIXIE	DREAMSCAPE	MERCY
HERO	SCHOLAR	SHADOWDANCE
NYBIANI	LEARNING	SACRIFICE
DECIPHERING	UNITE	CLARITY
THORNBUSH	BRIDGES	PLAGUE

Puzzle # 79

```
F P M Y S T I C A L A R T S C H A N T E R Q B
P O S P R O P H E S Y S I T R Y W G T X V Q G
R V C W Q E X O U A P R R C G W H K K M G K F
F O M Y S T I C A L E V A X O C M A G I C A L P
F D S V C K G O L V N B L H H O R O S C O P E
S T R R O A S L W S C O P G M P X P L K B B M
W T H A Q K B K F L B R U E R K L H Y N A E P
S V X Z U I Y O H M W A R F D Q E U S K D W S
N M T E N G R V Y Y H M I Q E T G W O L G I E
Z V D D T M H S J W A M T S A L N A G H E T I
R M E Q A T D T K I E I A F M Y A A X F R C T
X R E T O I R I D X K Y N Z K M H A X P W H I
S G I R E C R Z U N F M S D U E L E H H N M N
F O Z K W Q C N S R E T S A C D L I U G Y E I
N Y X L I Y D A D A D B G W F I L S N I C N V
A J G B K Z N L K A D S K O J T I Y I C Z T I
K Y B B O Y L Y Q Z Z V S Q E H P S H X N X D
O T H E R W O R L D L Y A R Y C X K P M X O G
```

MYSTIC	TEXTS	DRUID
DUEL	TRANSFORMATION	MYSTICALARTS
SYMBOLOGY	DIVINITIES	ANGEL
MERMAID	PROPHESY	PURITANS
DRAUGHT	CHANTER	OTHERWORLDLY
MERWYN	MAGICAL	OWL
SPELLBINDERS	BADGER	HOROSCOPE
PHILTER	BEWITCHMENT	GUILDCASTERS

A P N Y E Z H S D Y B D V R L F A E R I E B D
T S I L A B R E H M E I E A T G T P Q R S T E
L P B J Z Y E D A T I L Y B B S Z I A F E F S
E M S D Q K O C A U L P W F N A P O K Z R A T
D E W G E Y I O P E O A L P E B D N O U U R I
R E Z Z T F G S T C D N U O B L L E P S J C N
O T C V I E B E D H I D E A W A Y E C F N L Y
W I C C P R N Z E E D M E X V P T R M S O L R
N N E A R U W X D C K F T T S O C S S Y C E O
I G C P T E O H A Z Q W C M A P O U X L N P A
N S O R U L T D B S N X I A G C E D L R I S D
G D O O O V I N G D P P P S W C S L O Y E N S
S F N G X C R J A H R S H A B E M U L O R P G
U L I G U I D E D H P N E E M A Q G F B I L T
E S R J T X E F Q L C V R Z P O V K F B I S R
T Y U Z D M Q Q R J D N A P F S Q I X B O N T
E X A Z O T N U L S V P E G Q E I M N V H I D
H K L O F N E E R G O D A R K T E A X V N B M

ENCHANTER	MAPPED	CIPHER
DESTINYROADS	SPELLCRAFT	MEETINGS
FAERIE	HEXOLOGIST	OBFUSCATED
DROWNINGS	VOODOOIST	SCAPEGOATED
CONJURES	HERBALIST	GUIDED
FORTUNETELLER	ZAP	MACIFICE
SLING	SPELLBIND	SPELLBOUND
HIDEAWAY	PIONEERS	GREENFOLK

Puzzle # 1

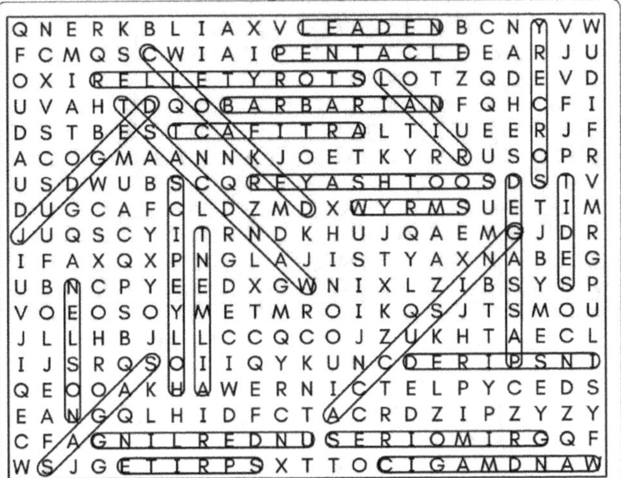

SORCERY	JUDGED	ARTIFACT
UNDERLING	WANDCAST	STORYTELLER
WYRMS	SPRITE	ACCUSING
GRIMOIRES	BARBARIAN	CLOAKED
LEADEN	INSPIRED	LAIR
HOLYEPICS	SOOTHSAYER	NELSON
TIDES	PENTACLE	WANDMAGIC
PASSAGED	SAGAS	AILMENT

Puzzle # 2

AMULET	DARKARTS	CURSING
HERBS	DREAMSCAPE	ACCUSER
PHANTOM	RETURNTOOZ	BEWITCHMENTS
CRUCIBLE	FIZZY	BELLATRIX
EVOKING	BARBARIAN	DISCERNMENT
SACRETREE	PARABLES	RAVEN
UNICORNS	BOOTS	CASTLE
WOLFCRAFTS	MAGICTALES	VENOM

Puzzle # 3

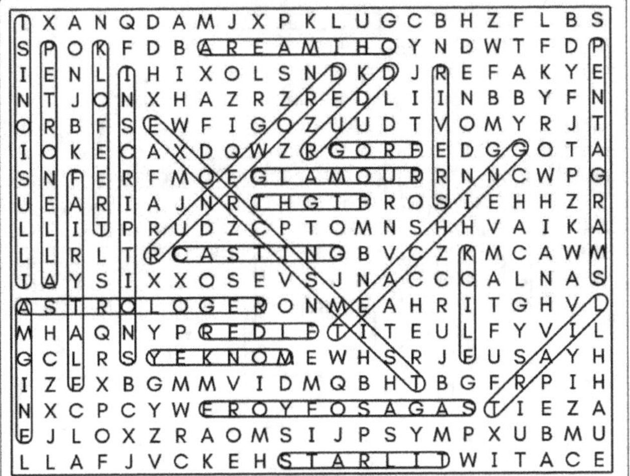

GLAMOUR	FIGHT	ILLUSIONIST
ELDER	ASTROLOGER	TRAIL
ENIGMA	PETRONELLA	FLICK
EXORCISMIST	CASTING	PENTAGRAMS
INSCRIPTIONS	RUDD	RUNEWORD
FROG	STARLIT	MONKEY
TEACHING	FAIRYTALE	CHIMAERA
TREEFOLK	SAGASOFYORE	RIVERS

Puzzle # 4

WARLOCK	PYTHIA	MENTALIST
HYSTERIA	INVOCATION	TORTURE
OCCULTISM	ELIZABETH	LEGENDRY
OTIS	CAPER	BONEREADER
PARABLE	KORONEZ	SPIRITS
CROSSROADS	MAGICMARK	GODFIGURE
REFLECTIONS	MOONSTONE	RUNE-BOUND
SABLES	MYTHICAL	CALAMITIES

Puzzle # 5

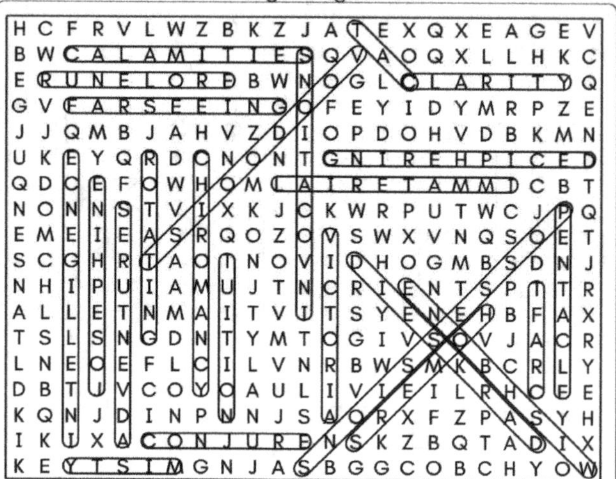

CHIROMANCY	ADVENTURES	CONJURE
WISHBONE	MISTY	INVOCATIONS
IMMATERIAL	POSSESSIONS	VOODOOIST
VICTORIA	RUNELORE	CRAFT
ROTATING	JOSEPHINE	INTELLIGENCE
PENTACLE	DECIPHERING	CAT
TUITION	DARKSEID	FARSEEING
HOMERS	CLARITY	CALAMITIES

Puzzle # 6

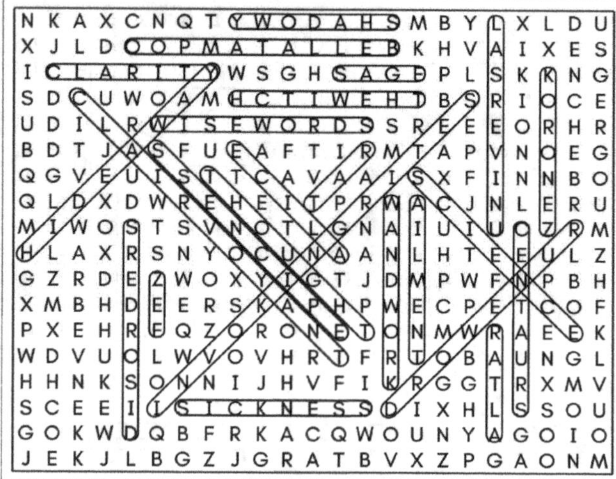

SAGE	CENTAURS	CLAIRVOYANT
DISORDERS	SHADOWY	ALICE
EPICNESS	BELLATAMPOO	RUNEWORD
THEWITCH	INVOKINGRITES	ZEE
WANDWORK	KORONEZ	UNIVERSAL
ALTAR	WISEWORDS	RAT
SCIENCE	HIDEAWAY	THOUGHT
AILMENT	CLARITY	SICKNESS

Puzzle # 7

ASTROLOGER	CYCLOPS	MAGUS
FAIRY	ADEPTNESS	HERBALIST
TRANSCENDENTAL	MORWEN	GHOSTLY
HARPIE	MYTHOLOGICAL	HEXMASTER
HAGS	WOLF	CONJUREMAN
COSTUMES	SOLVING	SUMMONERS
DIVINES	GLEN	ZIGGURAT
ENCANTING	DESTINYROADS	WITCHSERIES

Puzzle # 8

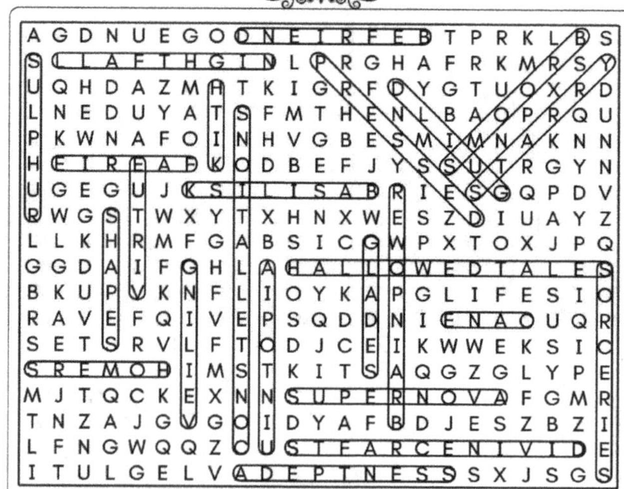

ADEPTNESS	DIVINECRAFTS	VIRTUE
BROOMS	FAERIE	UINTOPIA
BEFRIEND	SULPHUR	VEILING
GUILD	CONSTELLATIONS	KITH
SUPERNOVA	HOMERS	STARRY
GLADES	BRAINPOWER	NIGHTFALL
SORCERIES	SHAPES	BASILISK
PRESSED	HALLOWEDTALES	CANE

Puzzle # 9

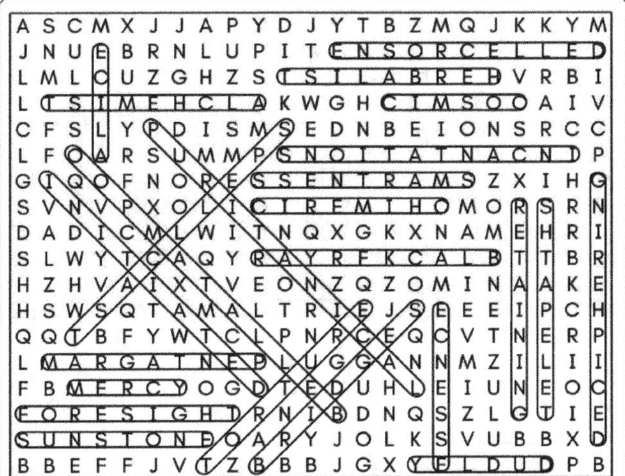

PENTAGRAM	TORTURE	COSMIC
PURITANICAL	CHIMERIC	ALICE
INITIATED	MERCY	TELEPATHS
DUDLEY	INCANTATIONS	HERBALIST
SMARTNESS	ALCHEMIST	FORESIGHT
BELLATAMPOO	DECIPHERING	SUNSTONE
BRIDGES	ESSENCE	ENSORCELLED
BLACKFRYAR	SPELLCAST	RETAINING

Puzzle # 10

LORE	OGRES	NECROMANCY
CITADEL	TELEPATH	CIRCE
INVOCATION	OLWAE	TELEKINETIC
OZ	BREW	QUEENY
ASTRAL	NELSON	DREAMSCAPE
SULPHUR	VEIL	RAT
RUNICSCRIPT	ANGUINEBUNDS	MOONLIT
HOLLOW	WISEWORDS	BOOTS

Puzzle # 11

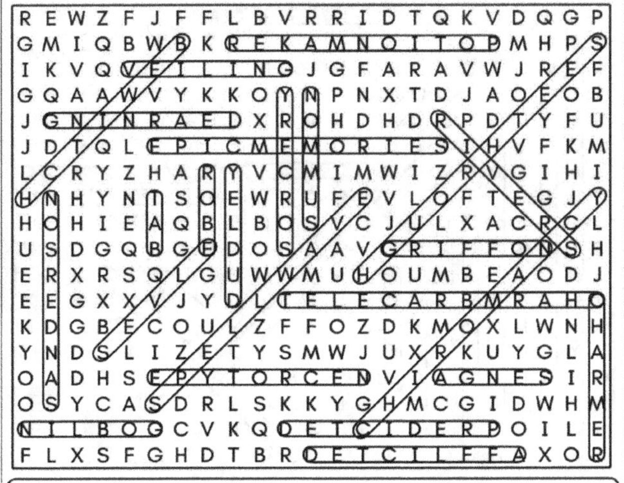

ROBE	GRIFFON	SORCERY
ELVES	BEWITCH	EPICMEMORIES
POTIONMAKER	GOBLIN	CHIROMANCY
AFFLICTED	SUMMON	AGNES
CHARMBRACELET	DUDLEY	SEE-THROUGH
CHARMER	VEILING	SANDERSON
SPELLWAVE	NECROTYPE	LEARNING
BAT	PREDICTED	RIVERS

Puzzle # 12

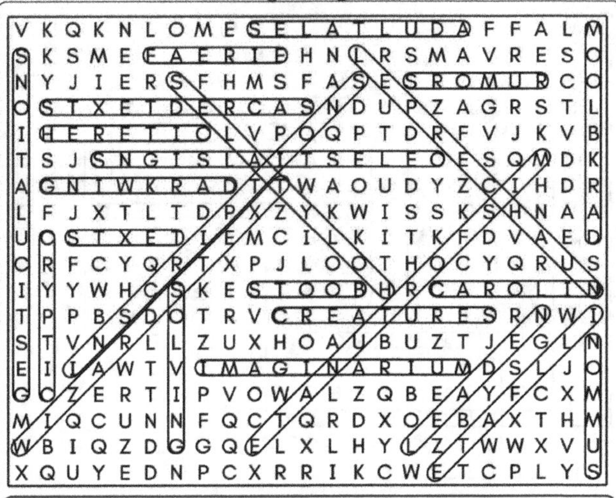

CRYPTIC	WIZARDSTEXT	SUMMON
HOLYTALES	IMAGINARIUM	HERETIC
FAERIE	SACREDTEXTS	RUMORS
CAROLIN	GESTICULATIONS	DARKBLOOM
INSCRIPTIONS	CREATURES	CELESTIALSIGNS
LEADEN	SOLVING	BOOTS
MISFORTUNATE	LEPRECHAUN	ILL-FATE
DARKWING	TEXTS	ADULTALES

Puzzle # 13

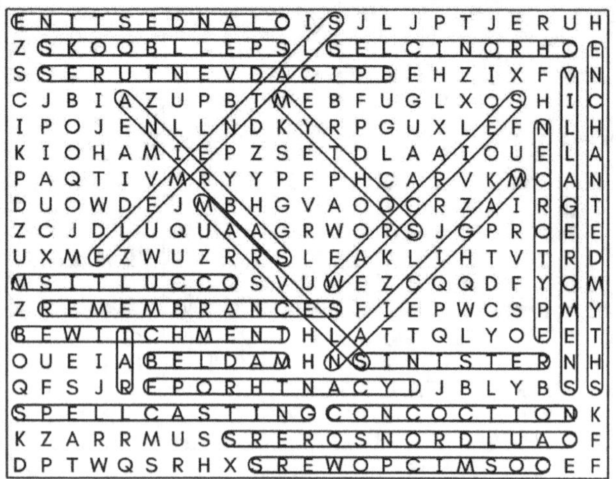

MAGICIAN	ELEMENTALS	OCCULTISM
EPICADVENTURES	SPELLCASTING	ENCHANTEDMYTHS
WARCRIES	CHRONICLES	MYTHOS
LYCANTHROPE	MARVELS	SPELLBOOKS
CLANDESTINE	NECROTYPE	BELDAM
RAT	COSMICPOWERS	CONCOCTION
BEWITCHMENT	VILLAGEROMENS	SINISTER
CAULDRONSORERS	REMEMBRANCES	SABRINA

Puzzle # 14

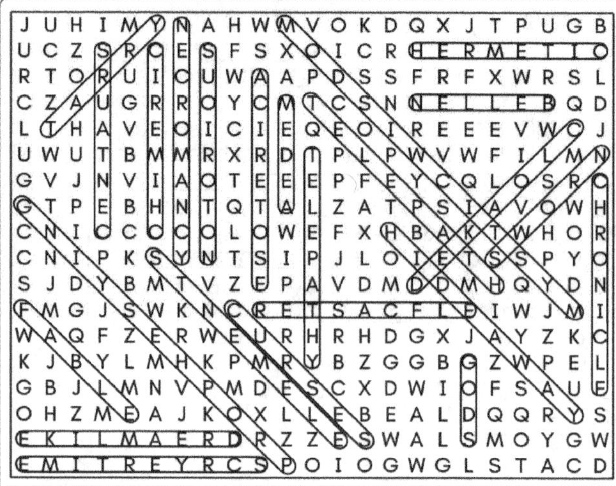

NECROMANCY	MYSTICWISDOM	TELEPATH
CENTAURS	HERMETIC	CURSES
TELEPATHY	ESOTERICA	TARRY
ELFCASTER	GODS	NOTORIOUS
ELEMENTS	MEDEA	FABLE
SCRYERTIME	CHRONICLE	BELLEN
CLOAKED	SWORN	CHIMERIC
HIDEAWAY	DREAMLIKE	PROPHESYING

Puzzle # 15

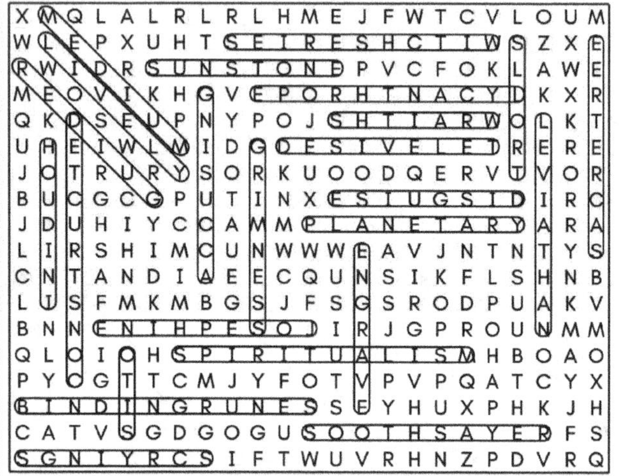

SOOTHSAYER	ACCUSING	MEDIUM
OTIS	DISGUISE	GUIDER
GRIMNESS	SCRYINGS	BINDINGRUNES
HOUDINI	ENGRAVE	JOSEPHINE
PLANETARY	SUNSTONE	TROLLS
SACRETREE	WRAITHS	TELEVISED
LEVIATHAN	LIVELY	SPIRITUALISM
CONSTRUCTED	LYCANTHROPE	WITCHSERIES

Puzzle # 16

WIZARDESS	CLARITY	SHADOWY
STAIRWAY	DIVINE	HEXED
ANNAL	CHARM-BOUND	CLOAKED
RECORDS	SCREENED	PRIMALEPICS
CRON	GRYPHON	SPOOKY
ROOTWORKER	PYRAMID	SPELLCASTER
LUNAR	WEASEL	PERCEPTIVENESS
MASK	DECIPHERING	CAULDRONSORERS

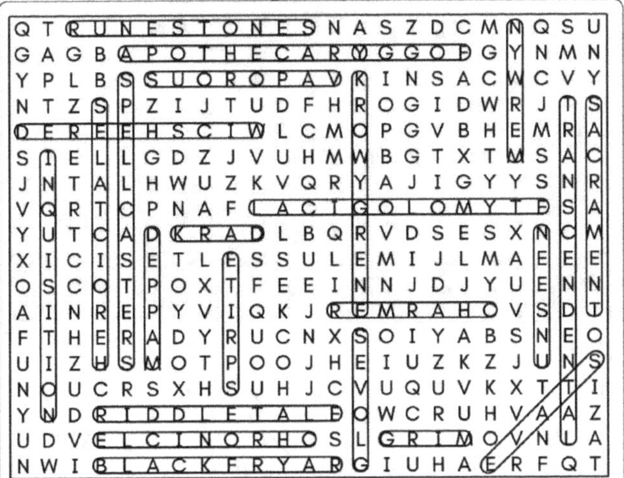

UNSEEN	INQUISITION	GRIM
CHARMER	APOTHECARY	MERWYN
TRANSCENDENTAL	SACRAMENT	CHRONICLE
STAVE	DARK	WICSHEERED
FOGGY	RIDDLETALE	VAPOROUS
BLACKFRYAR	RUNESTONES	ETYMOLOGICAL
ENERGYWORK	GLOVES	MAPPED
SPELLCASTERS	HEROICTALES	SPRITE

FANTASY	HUMANOIDS	WARCRIES
ELVES	RUMORS	DIVINITIES
GUIDED	WITCHERESSES	TELEPATHS
VILLAGERS	SWING	PURITAN
SIGILS	MACIFICE	INTELLIGENCE
EXILE	WITTICISM	SPELLBIND
PIONEERS	MONKEY	CLEAR
TRANSFORMATIONS	COMPELLING	AILMENT

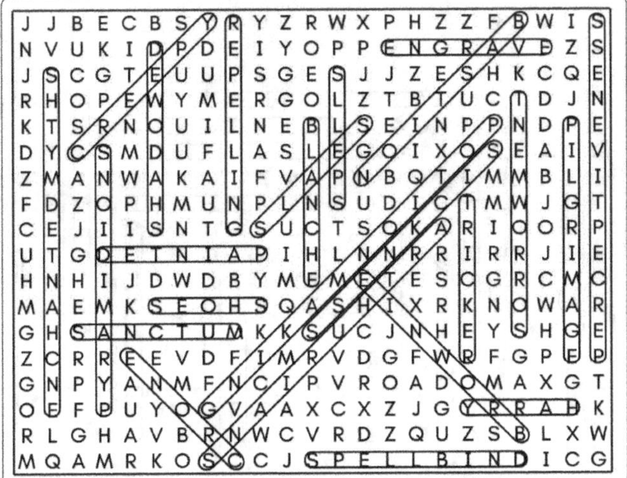

REPELLING	CRONE	CREEPY
BLANCHE	SHADOWED	POTION-MAKING
SANCTUM	HARRY	SEALS
SPELLBIND	ENGRAVE	TRICKER
PERCEPTIVENESS	ARTHURIANS	PAINTED
PYRAMIDIONS	PILGRIMAGE	SHOES
BASTION	BROWNIE	ENCHANTEDMYTHS
SICKNESS	SPELLS	SORROWMENT

Puzzle # 20

ARTIFACT	REMEMBRANCES	LEGENDRY
CLASH	SOUL	INCANTPETS
DECEIVE	OLWAE	TALE
CURANDERA	IMMATERIAL	HENGE
RAISED	GEIS	INSCRIPTIONS
QUEENY	ANCIENTTEXTS	HARPIE
STONECARVING	RUDD	DESTINYROADS
PHILTER	DAMNED	BLIGHT

Puzzle # 21

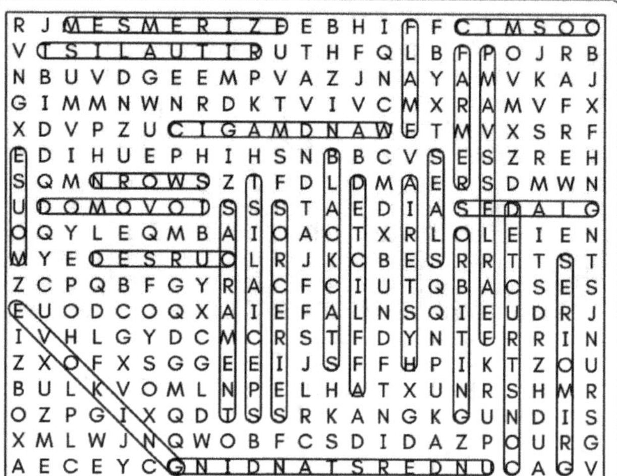

GRIMOIRES	AFFLICTED	RITUALIST
FARMER	FLAME	HYSTERIA
EVOKING	SPECIALIST	SEALS
FEARLESSVAMP	COSMIC	SACRAMENT
WANDMAGIC	MOUSE	ORBITING
BLACKCATS	UNDERSTANDING	SWORN
MESMERIZE	GLADES	CURSED
CONSTRUCTED	SORCERIES	DOMOVOI

Puzzle # 22

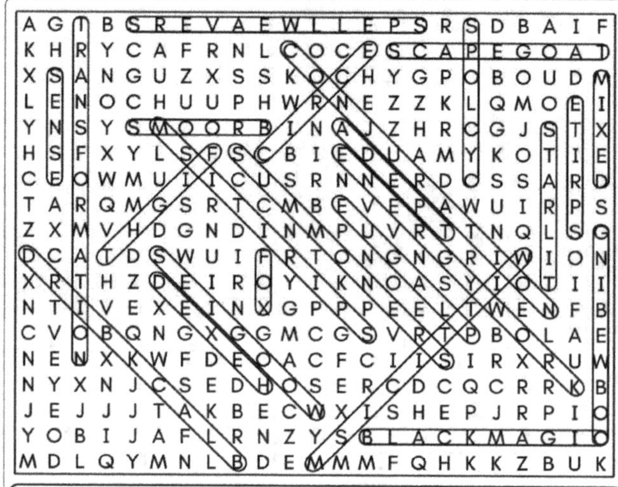

TRANSFORMATION	WOOGIES	CONJURATION
SCAPEGOAT	ADEPT	CIRCE
MIXED	SPIRITISM	ENERGYWORK
BROOMS	STARLIT	FOX
WITTICISM	BLACKBIRD	SENSE
SUMMONERS	HEXED	COBWEBING
CYCLOPS	SPELLWEAVERS	FIGHT
SPRITE	BLACKMAGIC	PLAGUE

Puzzle # 23

AMULET	WHITEMAGIC	BUBBLED
PRIESTESS	OTHERWORLDLY	CURANDERA
GODS	HENGE	HAGS
ELIXIRS	MAGICTOUCH	MACBETH
FIZZY	NIMBIN	TARE
HARE	EVOCATIONS	HAVOCBRINGERS
HEAVEN	GROVES	CONTENTION
BROWNIE	PYTHIA	IMPS

Puzzle # 24

ALCHEMY	RUNE-BOUND	WARLOCK
UNICORNS	ESOTERIC	KITSUNE
CRYSTAL	MYSTICRECORDS	RUNEMASTER
ESOTERICA	ETHEREAL	DOOMS
FOLKTALE	OTIS	FAE
BELLATAMPOO	PHANTASMAL	WITCHESHAVEN
HANDWAVING	ORDOVOICES	CAPTIVATING
PUMPKIN	ALLIED	MYSTERIES

Puzzle # 25

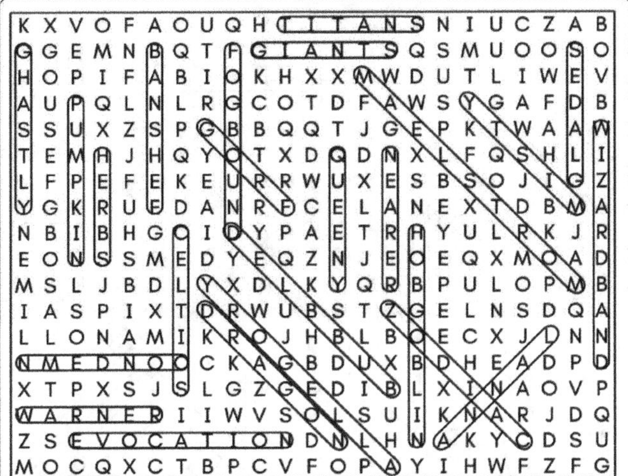

BUBBLED	HERBS	ANNAL
BANSHEE	GIANTS	CONDEMN
TITANS	QUEENY	DRAGON
WARNER	ALLEGORY	FROG
GHASTLY	PUMPKIN	FOGBOUND
NEARER	MISTY	GLADES
ZODIAC	MAELSTROM	WIZARDBAND
CELTICS	EVOCATION	HOBGOBLIN

Puzzle # 26

MYSTICISM	SORCERERTALES	TIMETRAVEL
GEOMANCY	TARRY	RITUALISTIC
MYSTIFYING	GRYPHON	WHISPERS
SHAPESHIFTER	CONJURES	DUDLEY
FLAME	HARPIE	RUNELORE
WILDWOOD	STARGAZER	HIDEAWAY
NYMPHS	CAPE	DEMIGODS
SOUTHLAND	MAGICFORTRESS	BROWNIE

Puzzle # 27

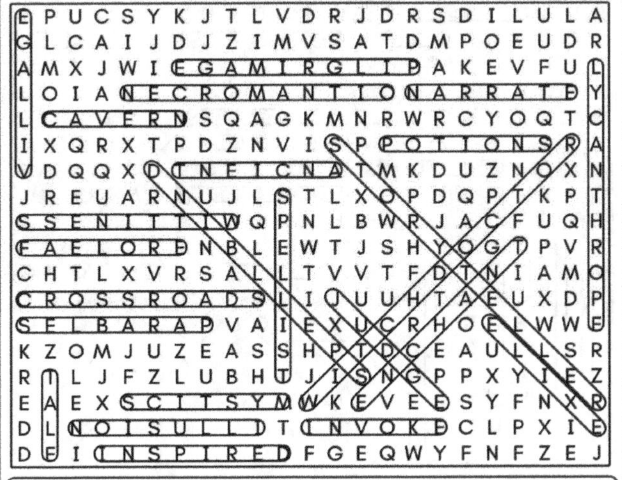

ILLUSION	PARABLES	NECROMANTIC
ANCIENT	INVOKE	POTIONS
ENCHANT	LYCANTHROPE	FAELORE
JUDGE	NARRATE	SPELLIST
TALE	EXILE	WITCHDOCTOR
SPELLBIND	MYSTICS	CROSSROADS
WITTINESS	STORYTELLER	INSPIRED
CAVERN	PILGRIMAGE	VILLAGE

Puzzle # 28

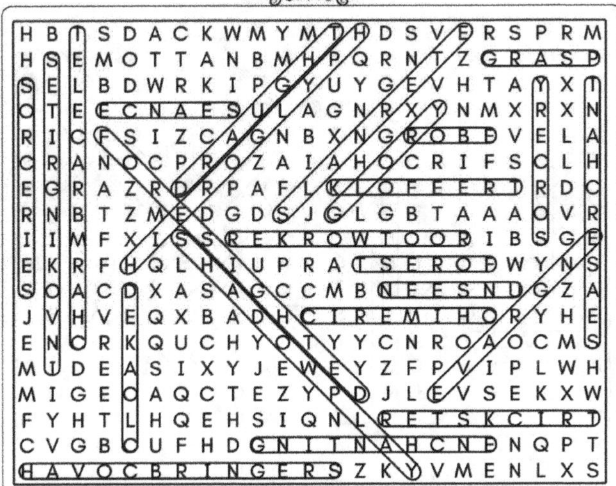

ROBE	ENGRAVE	SORCERY
INVOKINGRITES	HIEROGLYPH	ENCHANTING
UNSEEN	FORESIGHTED	DRAUGHT
SORCERIES	CHARMBRACELET	SEASERCHANT
GLORY	TRICKSTER	ETERNALS
SEANCE	CLOAKED	ROOTWORKER
SHADOWPLAY	HAVOCBRINGERS	CHIMERIC
TREEFOLK	GRASP	FOREST

Puzzle # 29

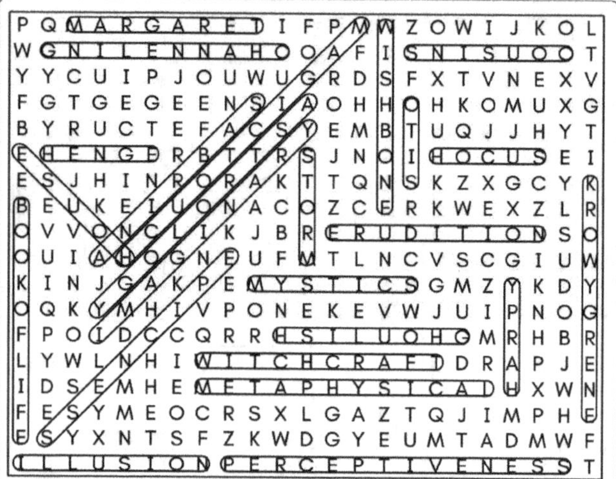

ILLUSION	HARPY	IMAGINARY
WITCHCRAFT	HOCUS	WISHBONE
METAPHYSICAL	MARGARET	EPICNESS
OTIS	GHOULISH	HENGE
MAGICTOUCH	CHANNELING	MYSTICS
BOOKOFLIFE	ASTROLOGY	COUSINS
ENERGYWORK	STORM	ERUDITION
HOUSE	PERCEPTIVENESS	SABRINA

Puzzle # 30

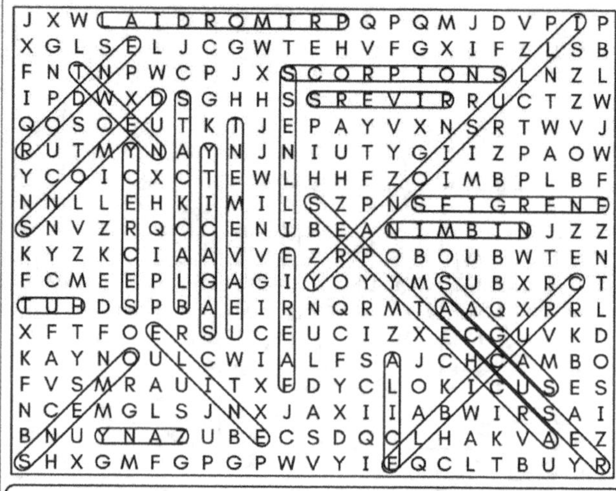

ILLUSIONARY	ENDOR	FAERIE
ELINE	ZANY	ALICE
PRIMORDIAL	CRUCIBLE	ENERGIES
NIMBIN	SAGACITY	NEWT
OMENS	SCORPIONS	LEAVEMENT
BLACKCATS	SECRECY	ARCHETYPES
SAGAS	RIVERS	DEMONS
HUT	ACCUSER	ILLNESS

Puzzle # 31

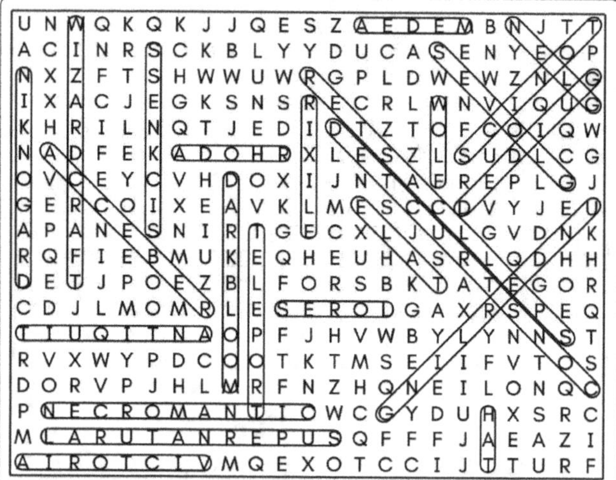

SUPERNATURAL	VICTORIA	NECROMANTIC
RHODA	ELIXIR	SPELLCASTER
TELEPORT	DARKBLOOM	TALE
UNDERLING	LORES	WOLF
GUIDED	TONICS	DRAGONKIN
CONSTRUCTED	WIZARDCRAFT	GLEN
ANTIQUIT	HAT	MEDEA
GLOVES	REBECCA	SICKNESS

Puzzle # 32

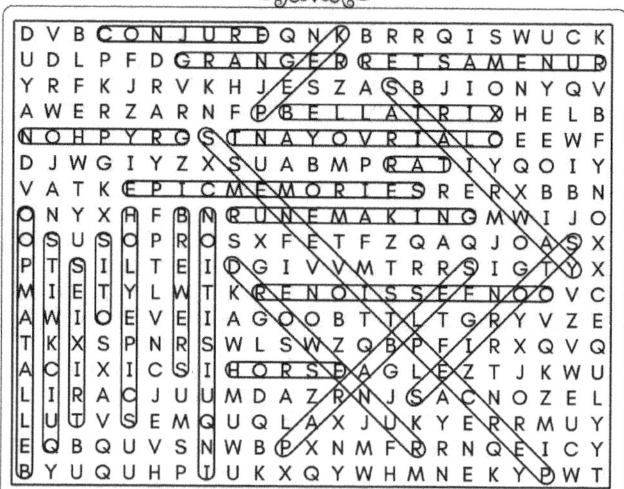

CLAIRVOYANT	GRYPHON	RUNEMASTER
CONFESSIONER	CONJURE	INQUISITION
RUNEMAKING	OTIS	RUNEWORD
BELLATAMPOO	PERCEPTIVENESS	GRANGER
QUICK-WITS	BELLATRIX	STAIRWAY
TRIXIES	PARABLES	RAT
HOLYEPICS	HORSE	EPICMEMORIES
STORIES	KEEP	BREWERS

Puzzle # 33

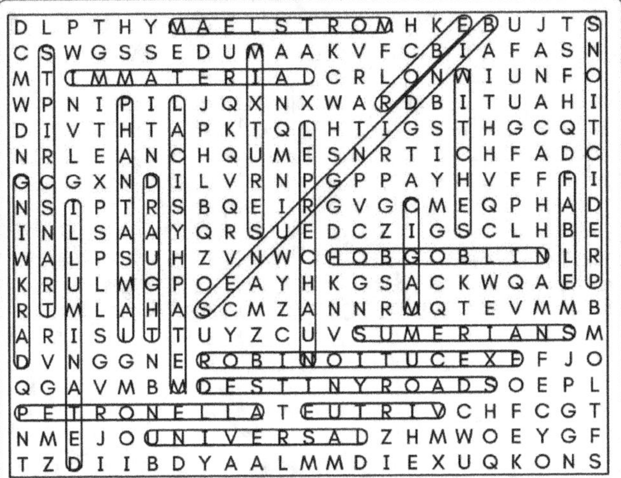

MAGIC	TRANSCRIPTS	ROBE
WITCHES	DRAUGHT	EXECUTION
VIRTUE	PETRONELLA	METAPHYSICAL
ROBIN	FABLE	MIXTURES
PHANTASMAL	MAELSTROM	IMMATERIAL
SUMERIANS	BINDINGRUNES	PREDICTIONS
ILLUMINATED	LEPRECHAUN	UNIVERSAL
HOBGOBLIN	DESTINYROADS	DARKWING

Puzzle # 34

ASTROLOGER	DROWNINGS	TELEPATHY
REVIEWER	FAELORE	ERGOTISM
VEILED	SPELLBOOKS	GAON
NARNIA	HIDES	TWILIGHT
POTIONMAKING	BADGER	SAGEADVICE
FOLIAGE	HEROICTALES	SOULS
WITCHERESSES	HOVEL	CRONE
VILLAGE	FAIRY	SABRINA

Puzzle # 35

TRANSMUTATION	PATHWAYS	PHANTASM
TRACKS	ALCHEMIZE	SPELL-CURSED
ZANY	LYCAN	HERO
DIVINECRAFTS	BRUXA	ACCUSING
JINN	ERGOTISM	CONSTELLATIONS
CHARMER	STAR	REALMS
DIVINITYRITES	SOULS	VISIONARY
HOVEL	PREDICTED	REAWAKENING

Puzzle # 36

MAGE	TRANSCRIPTS	ROBE
PHOENIX	BEWITCH	HIPPOCAMPUS
THAUMATURGE	KRAKEN	GOBLINOID
HOLYEPICS	NARRATE	CHALLENGE
RUMORS	UNICORN	VEILED
TORTURE	COVEN	ELIZABETH
INCANTATIONS	RHODA	COSMICRITUAL
SANDERSON	IMAGES	POTTER

Puzzle # 37

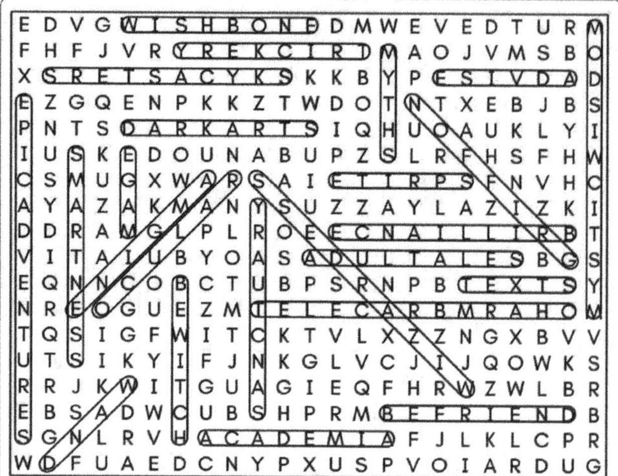

MAGE	ACADEMIA	WAND
TEXTS	BEWITCH	MYSTICWISDOM
WIZARDESS	GRIFFON	CHARMBRACELET
EPICADVENTURES	TRICKERY	MYTHS
BEFRIEND	DARKARTS	ENIGMA
WISHBONE	SMARTNESS	SKYCASTERS
ADVISE	SANCTUARY	BRILLIANCE
SPRITE	OCULAR	ADULTALES

Puzzle # 38

HEX	DRAGONKIN	TELEPATH
NECROMANCERS	ADEPTSHIP	MORGANA
ADEPTNESS	MACY	MARVELOUS
THACKERYE	IMMATERIAL	SACREDTEXTS
BRUXA	BROOMSTICKS	COSMIC
CHANNELING	DREAMLIKE	SPIRITTRAPPED
DESTINYROADS	SANDERSON	COMPLEXITY
CLAIMSAVING	SPHINX	AUSAR

Puzzle # 39

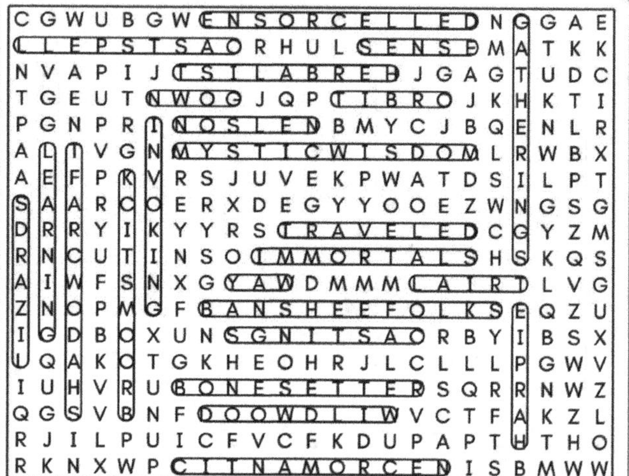

NECROMANTIC	BROOMSTICK	IMMORTALS
TRIAL	SHADOWCRAFT	HERBALIST
CASTINGS	BONESETTER	CASTSPELL
NELSON	ORBIT	HARPIE
LEARNING	INVOKING	SENSE
LIZARDS	WAY	GATHERINGS
TRAVELED	WILDWOOD	ENSORCELLED
GOWN	MYSTICWISDOM	BANSHEEFOLKS

Puzzle # 40

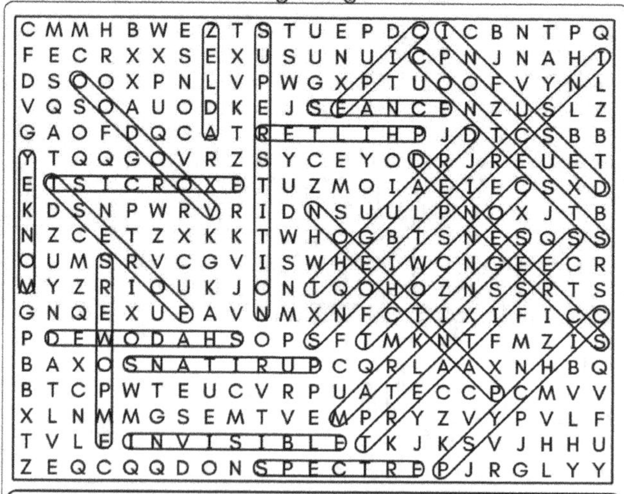

SUPERSTITION	MARKINGS	CONCOCT
VOODOO	DRAUGHT	TREATISES
INFUSED	CONTESTS	PSYCHIC
SEANCE	EPIC	PURITANS
INVISIBLE	EMPOWERS	SCREENED
ZELDA	SHADOWED	SPECTRE
EXORCIST	MONKEY	PANTHEON
PHILTER	INSCRIPTIONS	FOREST

Puzzle # 41

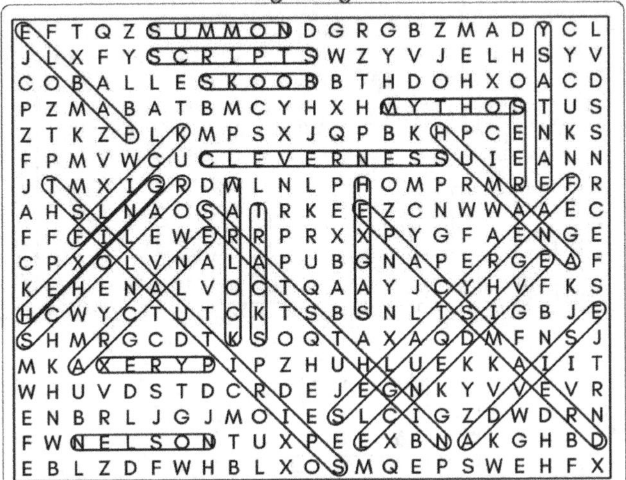

SEER	CLEVERNESS	WARLOCK
ADVISE	ARCANE	SPIRITUALIST
SUMMON	TRACKS	HEXING
BOOKS	FANTASY	EVIDENCE
DREAMSCAPE	SCHOLAR	FABLE
NELSON	MYTHOS	PYREX
FLICK	FAERYTALES	SCRIPTS
HUMANA	NIGHTSTARS	HEXGAS

Puzzle # 42

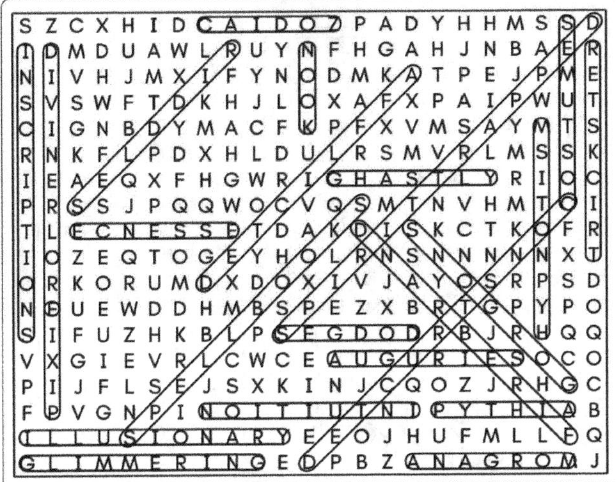

INTUITION	PYTHIA	ILLUSIONARY
AUGURIES	RIDDLES	PIXIE
GHASTLY	AFFLICTED	ZODIAC
FIREBRAND	DODGES	MORGANA
INSCRIPTIONS	SPELLBOOKS	GLIMMERING
SPIRITTRAPPED	HYPNOTISM	COSTUMES
DIVINERLORE	ESSENCE	GORGONS
CONSTRUCTED	TRICKSTER	NOOK

Puzzle # 43

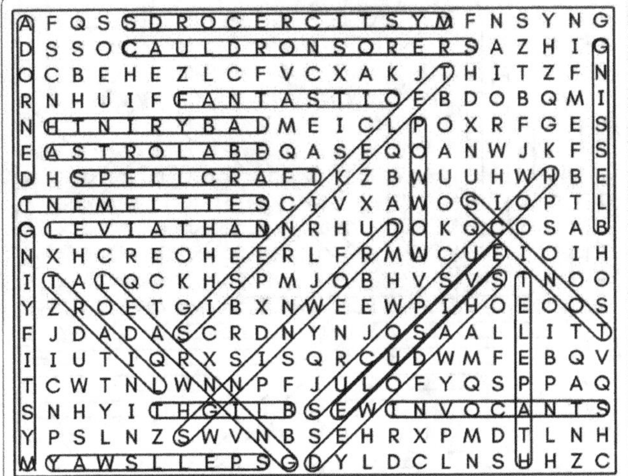

TELEPATH	SPELLSWAY	POWWOW
LEVIATHAN	SPELLCRAFT	MYSTICRECORDS
TELEKINESIS	DROWNINGS	BLESSING
TRAIL	ELUSIVE	HOCUSPOCUS
SHADOWED	FANTASTIC	MYSTIFYING
TONICS	LABYRINTH	SETTLEMENT
INVOCANTS	CAULDRONSORERS	ASTROLABE
ADORNED	LEARNING	BLIGHT

Puzzle # 44

ELEMENTAL	EPICS	THIRDEYE
ANCIENTSAGA	TIMELESSNESS	TITUBA
WARLOCKS	CURANDERA	SWISH
SPELLIST	PRODUCED	SHADOW
EVOKED	SPECTRE	GESTICULATIONS
UNDERLING	RUNESTONES	TRICKER
RUNEMAKING	ESSENCE	DAZZLING
VIALS	PATHWAYS	FOREST

Puzzle # 45

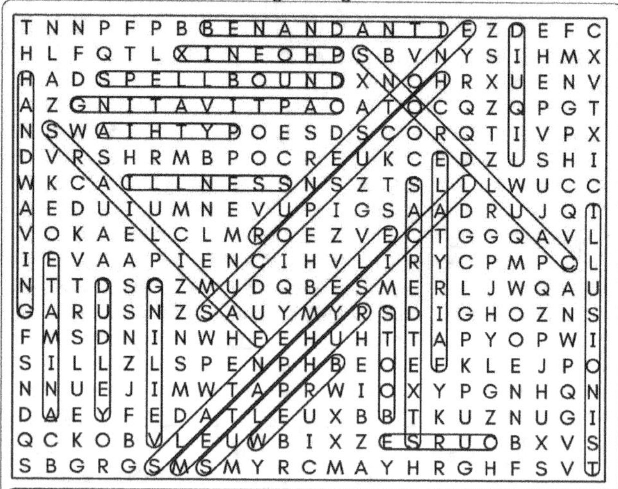

CURSE	ELEMENTALS	ILLUSIONIST
PYTHIA	RUNESTONE	BENANDANTI
BREW	DUDLEY	ANIMATE
SACREDTEXTS	METAPHYSICAL	CAULDRONS
FAMILIARS	HOCUSPOCUS	VEILING
SULPHUR	HANDWAVING	FAIRYTALE
CAPTIVATING	LIQUID	SPELL-BOUND
BOOTS	PHOENIX	ILLNESS

Puzzle # 46

SAGE	JOURNEY	ORACLE
DEMIGODS	DIVINER	ELVES
ADEPTNESS	CONTESTS	SOUL
WITCHERY	HERB	WITCH
FAMILIARS	ESOTERICA	WAVE
EXORCISM	SCROLLS	ACCUSING
WRITING	MURMURS	DIVINITY
NEST	FARSEEING	WITCHFOLKS

Puzzle # 47

CONJURER	GORGONS	SORCERY
HEROTALES	DEMON	SHAPESHIFTER
ADEPTNESS	WITCHFINDER	FOLKTALE
NYBIA	UNSEEABLE	PETRONELLA
ACUITY	MAGICOLOGIST	PIONEERS
SNOWWHITE	COMPELLING	MERWYN
MAGNETIC	HEXMASTER	MYSTICLANDS
HORSE	CHIMAERA	SORROWMENT

Puzzle # 48

LORE	ORBITS	SYMBOLOGY
TRANSCRIPTS	INTUITION	EPICADVENTURES
DRAUGHT	SAGASOFYORE	ELDRITCH
SPELLFIGHT	HEROISM	EXECUTION
PHANTOM	ELIXIRS	AGHORA
LEGENS	SPIN	UINTOPIA
MAGICALMARK	FOREST	WISDOM
SOLITARYHOMES	ERUDITION	DOMOVOI

Puzzle # 49

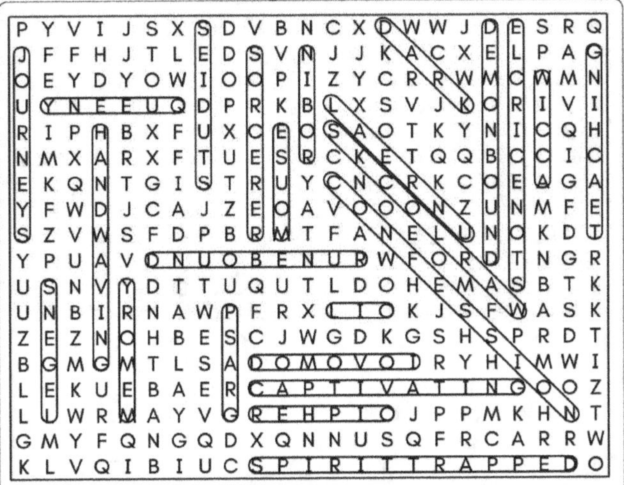

SORCERER	RUNE-BOUND	CIPHER
STUDIES	UNREAL	WICCA
MEMORY	CONFESSION	DARK
SPIRITTRAPPED	WARLOCKS	LEGENS
HANDWAVING	QUEENY	GRASP
STONECIRCLE	TEACHING	ROBIN
CAPTIVATING	MOUSE	JOURNEYS
OIL	DEMON-BOUND	DOMOVOI

Puzzle # 50

ETHEREAL	SECRECY	FAELORE
MAGICTALES	CAPER	SEANCE
FOGGY	ANTIQUIT	HIDES
BESPELLING	WISH	ENDOR
FLOURISH	HENGE	DIRECT
AVATAR	TARE	RIVERS
VEXED	ARTHURIANS	CHARMED
BLACKFRYAR	MYSTICWISDOM	HOMEPLACE

Puzzle # 51

DISGUISE	HECATE	PSYCHIC
RHODA	SHADOWY	FORTUNETELLER
SAGA	REINCARNATION	LORES
BELLATRIX	MYSTIFYING	WINTERS
FLICKERING	FEATHERS	WRAITHS
KITH	CHALLENGE	SHAPES
STRONGHOLD	GOWN	WITCHERY
ADORNED	AUGURY	SNARFAGON

Puzzle # 52

RITUAL	SPIRITDUEL	FAERY
BROOMSTICK	MEMORY	UNDERWORLD
PAMPHLETEER	MARGARET	ELUSIVE
FEARLESSVAMP	MISTY	EXILE
JINN	MASK	THROW
WEIRDINGS	ANCIENTTEXTS	COUSINS
ILLUMINATED	FOLIAGE	TRANSCEND
NOOK	FARSEEING	WITCHFOLKS

Puzzle # 53

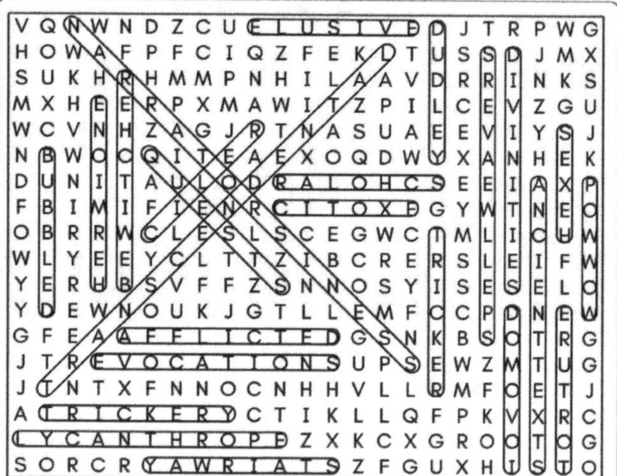

RELIC	DIVINITIES	POWWOW
LYCANTHROPE	BUBBLED	AFFLICTED
EXOTIC	TORTURE	TRICKERY
DUDLEY	TRANSCENDENTAL	SCHOLAR
ELUSIVE	HERMIONE	EVOCATIONS
TRICKER	ANCIENTTEXTS	NARRATORSINESS
STAIRWAY	BEWITCHER	QUESTS
SPELLWEAVERS	HEXES	DOMOVOI

Puzzle # 54

SPELL	MERCY	MYSTERIOUS
THACKERYE	CRYSTAL	OTIS
FAE	RUDD	PRIMAL
CROSSROADS	SPIRITS	RAT
SHADOWWEAVER	COSTUMES	RUNS
SLYTHERIN	PILGRIMAGED	ELDERY
DOOMED	GROVE	SPELL-BOUND
SHOES	PRIMALEPICS	TROLL

Puzzle # 55

LEGENDRY	QUESTING	HALFLINGS
MERMAID	NARRATE	GRYPHON
CHANTING	HYSTERIA	RIDDLER
CHARMER	MASKED	MEDIUMSHIP
WHISPERING	WILLOW	RITUALIST
MOONSTONE	ASTROLOGY	HARE
RUNICSCRIPT	GOAT	RUNEWORD
MONKEY	JOINTS	FAERYQUEEN

Puzzle # 56

ANGEL	BASTION	GRIMOIRE
HEROTALES	MURKY	CONVULSIONS
INCANT	FLOURENT	SHROUDED
GOODWITCH	INSCRIPTIONS	STORYTELLER
ANCIENTTEXTS	LAIR	ENERGIES
RETAINING	BRAINPOWER	LEPRECHAUN
INSPIRED	BLIGHT	WIZARDRY
SICKNESS	GHASTLESS	VENOMS

Puzzle # 57

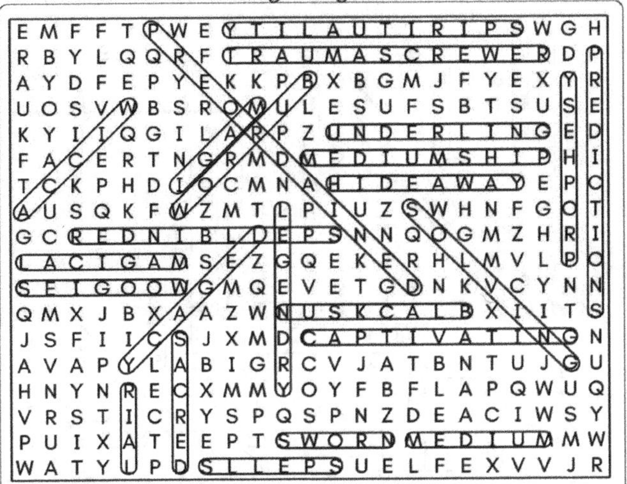

MEDIUM	BLACKSUN	PREORDAINED
LEGENDRY	SWORN	SPELLS
LEGACY	BURROW	MAGI
SPIRITUALITY	HIDEAWAY	MEDIUMSHIP
CAPTIVATING	PROPHESY	UNDERLING
WICCA	MAGICAL	PREDICTIONS
WOOGIES	SACRED	LAIR
SPELLBINDER	SOLVING	TRAUMASCREWER

Puzzle # 58

ILLUSION	STARLIT	AMULET
SOLVING	STAFF	PREDICTOR
NECROMANCY	LEAVEMENT	HEXING
SPELL-BOUND	PSYCHIC	LYCAN
NARRATE	ANCIENTRECORDS	LORES
SPELL-TALES	SHADOWDANCE	WISHBONE
DEITY	GHOSTS	GESTURE
GROVES	PLANETARY	RIDDLETALE

Puzzle # 59

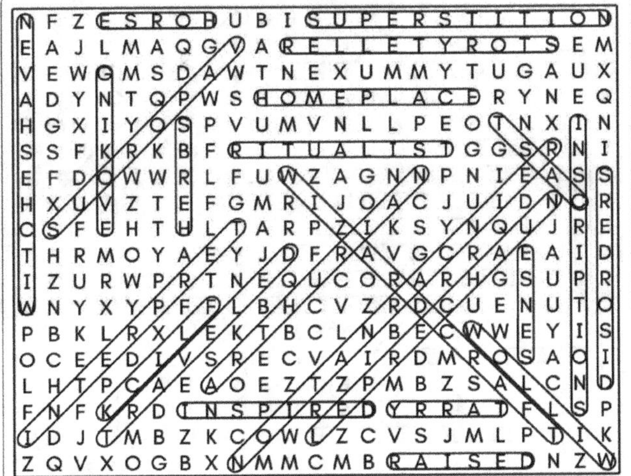

SUPERSTITION	TRAVELED	TARRY
WIZARDCRAFT	VAPOROUS	HERBS
RITUALIST	DISORDERS	FLICK
REINCARNATION	CAST	WITCHESHAVEN
EVOKING	ARTHURIAN	RAISED
WILLOW	INSCRIPTIONS	HORSE
INTERPRET	STORYTELLER	INSPIRED
HOMEPLACE	SENSE	LEPRECHAUN

Puzzle # 60

SCEPTER	HOLYTALES	FAMILIARS
INTERCHANGE	HERO	SPELL-TALES
SACRED	MERCY	MYSTIFYING
ELIXIRS	BELDAM	SNOWWHITE
WHISPERS	SACRETREE	THROW
BLACKCATS	POWERS	FAERYTALES
PIONEERS	EVENINGS	SPELLCAST
HOBGOBLIN	HORRORS	SORROWMENT

Puzzle # 61

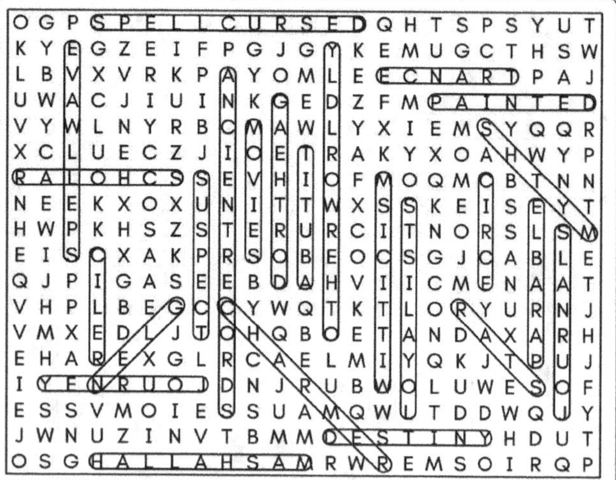

RELIC	JOURNALS	DESTINY
ANCIENTRECORDS	TRANCE	MYTHS
OTHERWORLDLY	SUSPECT	PARABLE
CIRCE	MASHALLAH	TITUBA
SPELLWAVE	CHARMER	STAR
SCHOLAR	WITTICISM	DORTHEAG
PAINTED	MOVIES	JOURNEY
LOYALISTS	SPELL-CURSED	GLEN

Puzzle # 62

SORCERY	COMPREHENSION	MYSTICISM
CAPTIVATING	THIRDEYE	DRUIDICLORE
FAELORE	INVOCATIONS	EERIE
BANSHEE	HALFLINGS	INCANTATORS
ALLEGORY	REAPERESS	HOODED
BADGER	EVOKING	WILDWOOD
ANCIENTTEXTS	SUNSETS	STARGAZER
REALMS	ENERGYWORK	HOMEPLACE

Puzzle # 63

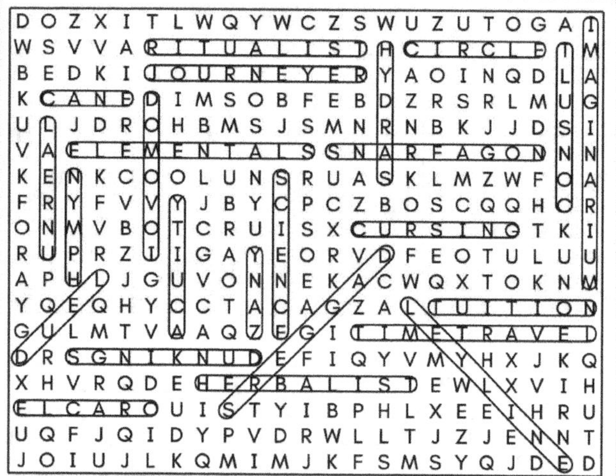

ORACLE	JOURNEYER	CURSING
HYDRAS	TIMETRAVEL	ELEMENTALS
IMAGINARIUM	DUEL	UNREAL
NYMPH	ZANY	DUNKINGS
DAGGERS	HERBALIST	RITUALIST
CIRCLE	ACUITY	LEYLINE
SCIENCE	CANE	TUITION
DOMOVOI	CONSULT	SNARFAGON

Puzzle # 64

INVOCATION	WIZARDBAND	CAULDRON
PARABLES	ENCHANT	PRIMALSTORIES
CHARMBRACELET	HEALING	WARCRIES
MERLIN	TITANS	PYREX
SPIRITS	SPELLBIND	MISTY
WOLF	GUIDED	TONICS
CIPHERS	HOMEPLACE	LUNAR
PYRAMIDIONS	QUICK-WITS	VENOMS

Puzzle # 65

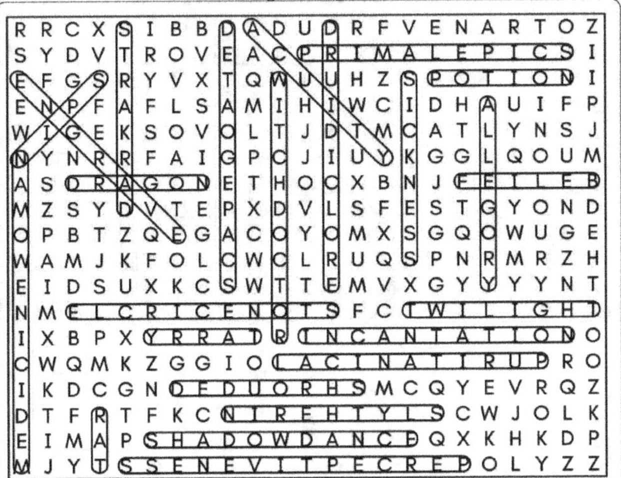

INCANTATION	ACUITY	POTION
DRUIDICLORE	TARRY	PRIMALEPICS
DRAGON	DARKARTS	ALLEGORY
MEDICINEWOMAN	SHROUDED	PURITANICAL
SHADOWDANCE	SCAPEGOATED	WITCHDOCTOR
TWILIGHT	BELIEF	STONECIRCLE
SPIN	RAT	ENGRAVE
SLYTHERIN	PERCEPTIVENESS	SICKNESS

Puzzle # 66

NECROMANCY	DAMNED	OMEN
UNICORNS	ENCHANT	DARKARTS
EXOTIC	REVIEWER	DREAMSCAPE
ARBELLA	MYTHOS	RETURNTOOZ
PAMPHLETEER	QUEENY	ENIGMAS
HEXAGRAM	WITTINESS	LIVELY
WITTICISM	CREATURES	COMPELLING
PASSAGED	WAY	SHOES

Puzzle # 67

HEX	IMPRISONERS	FOLKLORE
SCAPEGOATED	TELEPATHIC	ENDOR
OTHERWORLDLY	PHILOSOPHER	ALLEGORY
BOOKOFLIFE	DIVINITYRITES	JOSEPHINE
PROPHETIC	MOVIES	HEXER
COSTUMES	ANCIENT	GUILD
BABYLONIA	MURMURS	SUMERIAN
GROVES	EXORCISM	BEWITCHER

Puzzle # 68

SORCERY	AUGURY	DIVINATION
UNDERWORLD	HIDDEN	HANGMEN
ENCHANT	SAINTS	TALE
MACBETH	CLOAKED	FAERYTALES
SAGACITY	ARTHURIANS	CLARITY
HOUSE	PATHS	CAVERN
SPELLSWAY	PYRAMIDIONS	DIVINERLORE
HAT	ELVES	INFLICTION

Puzzle # 69

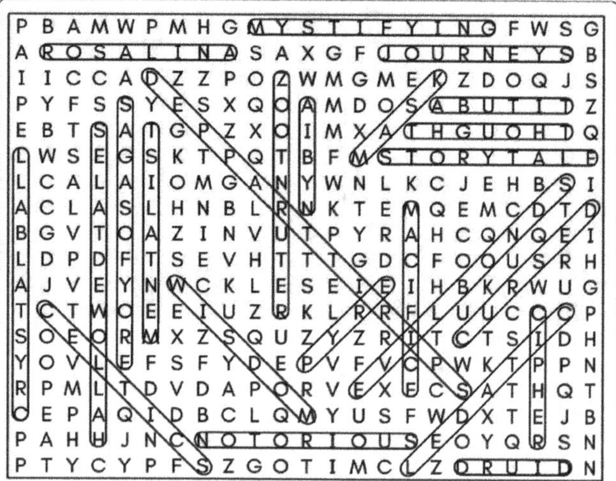

DRUID	NOTORIOUS	MENTALIST
PYRE	CIPHER	TITUBA
CRYSTALBALL	NYBIA	MYSTIFYING
RETURNTOOZ	WISDOM	SPIRITTRAPPED
THOUGHT	MACIFICE	JOURNEYS
ROSALINA	CURSED	MASK
HALLOWEDTALES	EVILBONDS	SAGASOFYORE
STORYTALE	CITADEL	CELTICS

Puzzle # 70

WAND	ORBITS	IMAGINARY
JUDGE	SACRED	ACCUSER
DIRECT	MORGANA	MIXED
BELLATAMPOO	MAGICALMARK	WITCHESHAVEN
RUNICSCRIPT	AVATAR	ENGRAVE
SACRIFICE	GLYPH	FLAIR
STARRY	MANOR	MODERNITY
SETTLEMENT	CLEAR	SNARFAGON

Puzzle # 71

ASTROLOGER	CONJURE	HAUNTED
PARABLE	ETERNALS	PYRAMID
ADVENTURES	CONFLICT	STRONGHOLD
GALLOWS	BLACKDRESS	MALADY
SPECTRAL	EXOTIC	BEWITCHED
GIANTS	TARE	ILLUMINATED
WENDIGO	WIZARDCRAFT	WITCHCRAFT
BOOKOFLIFE	GUILDCASTERS	FERALCURSE

Puzzle # 72

DIVINER	PHOENIX	TELEKINETIC
EPICADVENTURES	TITANS	EXCITING
TESTIMONY	ESOTERICA	GLORY
JUDGE	ALLEGORY	ACCUSING
RIDDLER	ALCHEMIST	WRITING
SACRETREE	CONSTELLATIONS	STORYTELLER
ADVISE	TRAUMA	IMAGES
AILMENT	PREDICTOR	SORROWMENT

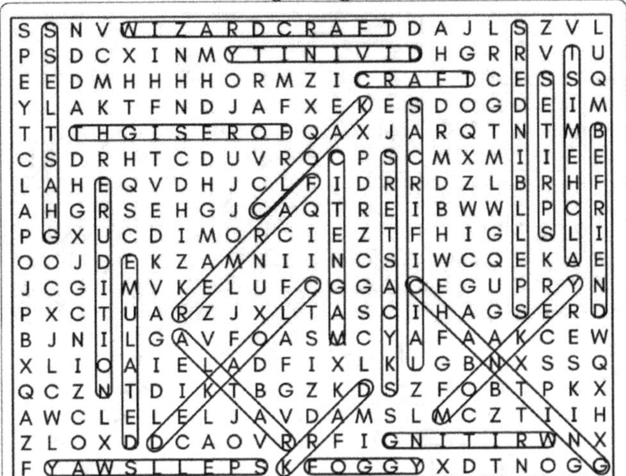

Puzzle # 73

EMULATED	CLOAK	FORESIGHT
ALCHEMIST	BEFRIEND	FOGGY
MAGNETIC	CRAFT	SPRITES
SPELLBINDERS	SPELLSWAY	SKYCASTERS
CHANTING	WRITING	GHASTLESS
ALTAR	CLOAKED	DIVINITY
WIZARDCRAFT	MONKEY	DARK
ERUDITION	FARMER	SACRIFICIAL

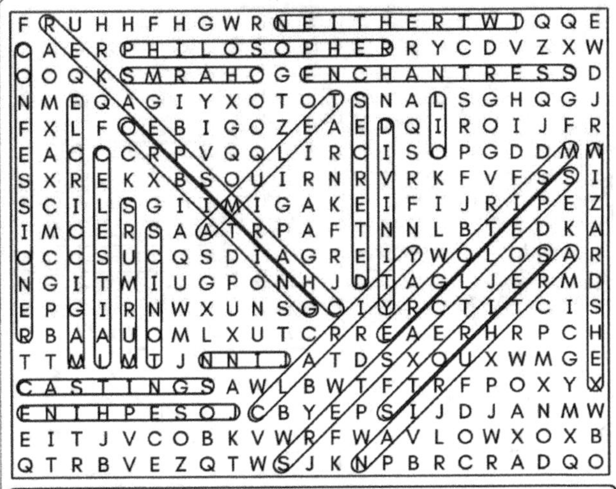

Puzzle # 74

AMULET	CHARMSPEAKER	ERGOTISM
DIVINITY	MAGICCIRCLE	TONICS
JOSEPHINE	WIZARDSHEX	JINN
CELESTIAL	STORIES	PHILOSOPHER
ORBITING	CHARMS	MURMURS
NEITHERTWI	CONFESSIONER	CASTINGS
ENCHANTRESS	OIL	ARTHURIAN
CLARITY	SECRETED	SPELLCASTERS

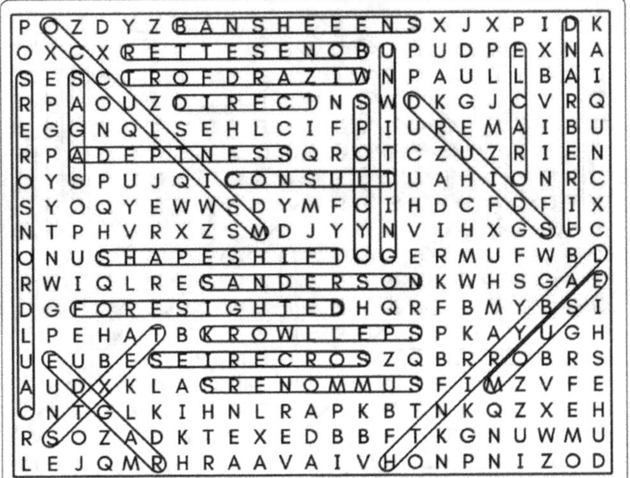

Puzzle # 75

ORACLE	SAGAS	OCCULTISM
SPELLWORK	ADEPTNESS	WIZARDFORT
SHAPESHIFT	FIREBRAND	LABYRINTH
BONESETTER	UNWITTING	SANDERSON
DIRECT	EDGAR	CONSULT
BANSHEEENS	FORESIGHTED	MOUSE
SORCERIES	SUMMONERS	TEXTS
DRUIDS	CYCLOPS	CAULDRONSORERS

Puzzle # 76

ALMANAC	DAMNED	CONCOCT
BEASTS	ENCHANT	PRIMALTALES
MYSTICAL	DUELFIELD	UNWITTING
WIZARDFORT	EVOKED	NECROMANCERS
RAISED	NECROTYPE	WRITING
HOUSE	RUNICSCRIPT	DEN
RITUALS	CANE	ASTROLABE
IMPS	QUESTS	ADULTALES

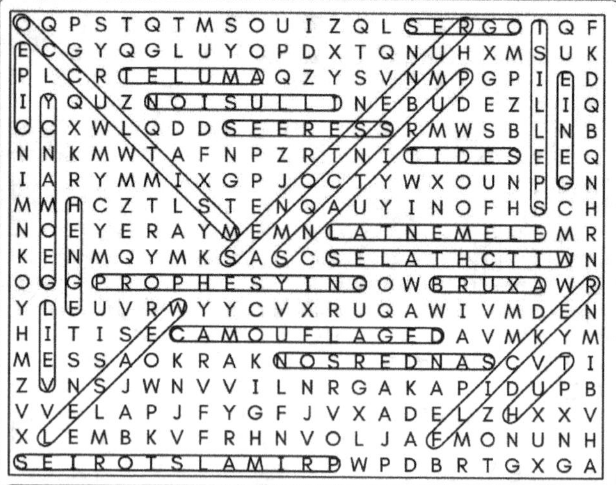

ILLUSION	OGRES	AMULET
GENIE	ELEMENTAL	PRIMALSTORIES
OCCULTISM	GEOMANCY	TIDES
PURITANS	EPIC	HENGE
VEIL	SANDERSON	CAMOUFLAGED
WITCHTALES	BRUXA	SPELLIST
FLICKER	WEASEL	RUNESTONES
HUT	SEERESS	PROPHESYING

STAFF	HOLYTALES	FOLKLORE
CASTLE	CELESTIAL	SPELL-TALES
ANGEL	PYTHIA	FANTASY
PIXIE	DREAMSCAPE	MERCY
HERO	SCHOLAR	SHADOWDANCE
NYBIANI	LEARNING	SACRIFICE
DECIPHERING	UNITE	CLARITY
THORNBUSH	BRIDGES	PLAGUE

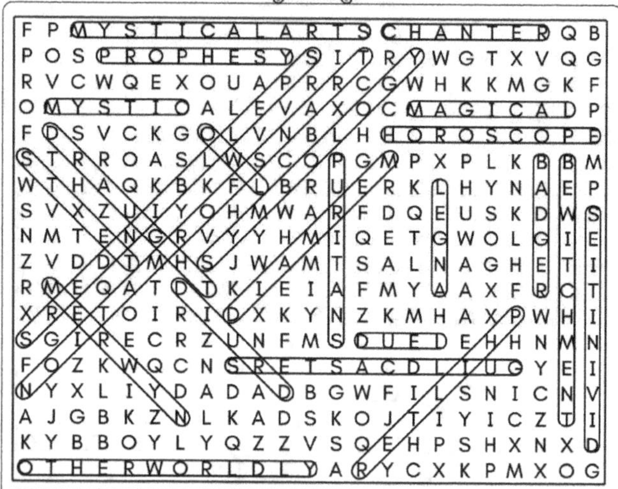

MYSTIC	TEXTS	DRUID
DUEL	TRANSFORMATION	MYSTICALARTS
SYMBOLOGY	DIVINITIES	ANGEL
MERMAID	PROPHESY	PURITANS
DRAUGHT	CHANTER	OTHERWORLDLY
MERWYN	MAGICAL	OWL
SPELLBINDERS	BADGER	HOROSCOPE
PHILTER	BEWITCHMENT	GUILDCASTERS

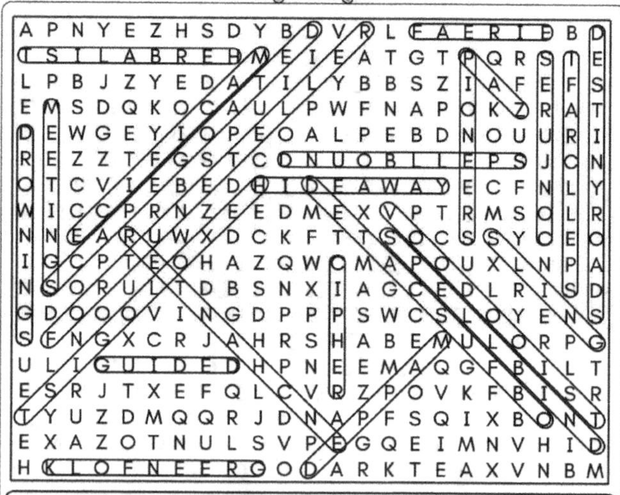

ENCHANTER	MAPPED	CIPHER
DESTINYROADS	SPELLCRAFT	MEETINGS
FAERIE	HEXOLOGIST	OBFUSCATED
DROWNINGS	VOODOOIST	SCAPEGOATED
CONJURES	HERBALIST	GUIDED
FORTUNETELLER	ZAP	MACIFICE
SLING	SPELLBIND	SPELLBOUND
HIDEAWAY	PIONEERS	GREENFOLK